Thinking Outside the Box

跳出传统思维的

幼儿园教师实用手册

[美] 蔡伟忠 著

农村读物出版社

图书在版编目（CIP）数据

跳出传统思维的幼儿园教师实用手册/（美）蔡伟忠著．—北京：农村读物出版社，2010.4（2017.10 重印）
ISBN 978-7-5048-5331-8

Ⅰ．①跳… Ⅱ．①蔡… Ⅲ．①学前教育—教学参考资料 Ⅳ．①G613

中国版本图书馆 CIP 数据核字（2010）第 052939 号

责任编辑 黎春花
封面设计 刘彦博
绘　　图 胡　键
出　　版 农村读物出版社（北京市朝阳区农展馆北路 2 号　100125）
发　　行 新华书店北京发行所
印　　刷 北京通州皇家印刷厂
开　　本 787mm×1092mm　1/16
印　　张 10
字　　数 174 千
版　　次 2010 年 6 月第 1 版　　2017 年 10 月北京第 7 次印刷
印　　数 48 001～58 000册
定　　价 28.00

（凡本版图书出现印刷、装订错误，请向出版社发行部调换）

编辑的话

自北师大修读学前教育研究生至今，已有很多年了，期间我看过不少幼教专业书籍，也听过不少幼教方面的讲座，但能把最深奥难解的道理讲得那么直白，讲得那么让人信服的真的很少。

我想说，蔡伟忠老师是很难能可贵的一位。他出生于港英殖民地年代，就读于法国教会开办的学校，70年代移民美国，于美国完成学校教育，并拿到幼教博士学位。过去25年，他一直在国内外从事幼儿园课程指导、幼儿园园长及老师培训、幼儿园环境规划及设计工作，其看待问题的角度，与一般的专家有所不同，而且能跳出传统思维，在轻松的行文与对话中，将道理深入浅出地渗透于人。

不同国家的文化培养出不同思维模式的国民，我们不能随便说哪种思维模式比哪一种强，但是如果能够用多种思维方式思考问题，那么看待问题的高度就会有所提升，解决问题的方法也会有更多的选择。

这本《跳出传统思维的幼儿园教师实用手册》是蔡伟忠老师数十年国内外幼教实践经验的结晶，选取了当前幼儿园教师最需要了解的内容作为主题，分析问题的角度和解决问题的方法独特创新，可以说为幼儿园教师

提供了跳出传统思维的角度思考幼儿园工作的捷径，并在介绍具体操作的过程中全面渗透教育理念，体现了润物细无声的境界。相信本书不但能够帮助老师解决工作中的困惑，还可以大大拓展老师的思维方式，提高老师的思维能力！

在组稿、编辑本书的过程中，我始终抱有一种感激、感动的心情。或许您也跟我一样，总觉得理论与现实相隔甚远，但读完蔡老师的书就会发现，原来理论与实践真的是近在咫尺，甚至相依相存，只是我们缺乏能捅破窗户纸的真专家的点拨，缺乏紧张工作之余的顿悟。

感谢蔡老师，在工作那么繁忙的情况下笔耕不辍，甚至带病坚持写作，给我们带来这样一本好书。当然，我们也感谢您，感谢您慧眼识珠，捧读此书。让越多的人受益，付出的心血就越显得值得。

真心希望幼教的明天更加美好，教师们的工作、生活如意幸福，孩子们的成长顺风顺水，少走弯路。

黎春花

2010 年 5 月

自　序

在2009年最后一天写这篇自序，回想过去二十年国内幼儿园的变化，心里无限唏嘘。我有幸亲身参与从90年代初到今天我国幼儿园的发展过程，可以说是目睹了幼儿园从教育的辉煌期到经济的辉煌期的转变！

不管是1996年的《幼儿园工作规程》还是2001年的《幼儿园教育指导纲要（试行）》，都体现了国家对提高幼儿园教育质量的专业和决心，但为何幼儿园教育会沦落到今天这种大部分经营者都唯利是图的局面？试问还有多少幼儿园的老板是以为社会提供优质教育为目的，而不是天天挖空心思想办法在孩子、老师身上赚钱？试问有多少老师的青春在这种不断破旧立新的课改中被糟蹋浪费了？

我只是一介平民百姓，没资格讲大道理。我只希望把过去二十多年的经验通过这本书传递给一线的老师，让老师少走弯路，不浪费光阴，让青春灿烂燃烧。

在这本书里我讲述了很多实例和方法，但我更希望老师学习设计这些方法背后的思维模式，我认为老师最需要的不是什么课程方法，而是对教育的整体性的认知和独立思考的能力，因为没有绝对正确的教育，只有适合的教育。某些方法适合于当时的环境条件，换了环境就不一定合适了。

我认为老师在这阶段应该学习中体西用的思维，“中体”就是核心的价值观用我们老祖宗的“整体性平衡”，也就是科学发展观里的“全面协调可持续”，即是考虑教育目标时，不但要考

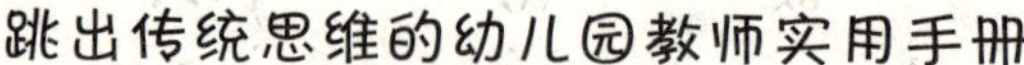

虑方方面面带给孩子的隐性教育，包括电视、家庭、社区等的影响，同时要考虑孩子现在需要、短期需要、长期需要的目标，然后补充不足，作出平衡。“西用”就是在实施教育时，学习西方的科学性、实效性的思维方式，少说道理，少喊口号，多做实事，设计有效的教育方法解决问题。

我认为只要老师水平提高，教育质量自然会提高。作为教育工作者，我们虽然改变不了社会的大气候，但也不要被社会的低俗价值观影响。保留我们小宇宙的能量，做一个明明白白的老师，相信明天会更好！

蔡伟忠

2009年12月31日

目　录

只要这样做，孩子就会喜欢上幼儿园

掌握幼儿心理，运用科学方法，孩子就会听从老师的教育，开心快乐地学习。

让孩子喜欢上幼儿园是老师的第一项也是最重要的一项任务，因为喜欢上幼儿园的孩子才容易发展正常的常规，才能好好学习，可以说这是让后期工作相对轻松的第一步。要让孩子喜欢上幼儿园，不但要了解孩子的心理特点，还要根据我国幼儿园的特点制定家访策略，布置班级环境等。

一、为什么有些新生不喜欢上幼儿园

孩子从家里到幼儿园，是首次从一个自小就熟悉、有安全感的环境进入到一个陌生环境。一般而言这个年龄段的孩子心里都会有不适应的感觉，也就是“分离焦虑”。因为这种心理不适应，所以孩子不喜欢上幼儿园。

孩子与父母分开，来到陌生人身边，会以为父母不要他了，所以情绪不安稳是很正常的。就跟我们成年人要去一个陌生的环境，跟完全不熟悉的外国人一起生活，刚开始时肯定会不适应一样。而且孩子有天生的动物保护本能，到陌生环境情绪不安稳，有危机感和自我保护意识也才是正常的，如果没有就不正常了。所以，老师应该理解孩子这种反应，有针对性地给予支持、关注和安慰。

二、是否要让新生尽快适应幼儿园的环境，这背后有什么深层的意义

我们希望新生适应幼儿园环境，因为只有情绪安稳的孩子才能够达到良好的学习状态，同时利于老师管理，只有适应幼儿园的环境，孩子才能安心接受教育。除了这个基本原因外，我们还希望通过这个过程帮助孩子建立良好的适应新环境的心理素质。因为这是孩子第一次踏出家庭到陌生环境生活，而第一次经历的影响是深远的。假如这是一次不愉快的经历，以后孩子可能会对新环境产生恐惧。而假如孩子是在受支配的环境中，例如妈妈吩咐“不用怕，去和其他孩子玩”，孩子没有思考判断的过程，只是按照成人的安排“适应”环境，虽然表面上是适应了，但可能丧失对陌生环境的自我保护能力。这两种情况都是不利于孩子发展的。

让新生适应幼儿园的另一层意义是锻炼孩子适应新环境的能力，在适应新环境的过程中，孩子必须遵守新的规则，和不同的孩子交往，在这些过程中，孩子要模仿别人、调整自己，尝试各种方法以得到最佳的效果，这些就是适应新环境的能力。就算是成人，适应新环境也就是这些能力。只有实际运用的经历才能锻炼能力，而孩子到幼儿园只有这样一次适应的过程，因此我们不要急于让孩子适应幼儿园的环境，应该好好利用这个过程锻炼孩子适应新环境的能力。

三、老师是否要像妈妈一样爱孩子，班里这么多孩子，如何能够一一建立感情

只有喜欢老师的孩子才会喜欢上幼儿园，才会好好听老师的话，所以和孩子建立感情是教育的第一步，也是很重要的一步。对新生来说，老师就是“妈妈的好朋友”的角色，这是感情上的迁移，即让孩子在情感上尽快建立对老师的熟悉感觉，是把妈妈的熟悉感情迁移过来，而不是让老师取代妈妈。我不喜欢“园长妈妈”、“老师妈妈”的称呼，因为妈妈和老师是两个角色，妈妈是妈妈，老师是老师。两者在孩子心里的地位是不一样的，妈妈对孩子是感性的爱，老师应该是理性的爱。感性的爱有时可以不讲道理，但理性的爱是一定要讲道理的。这两种不同的爱对孩子起到不同的作用，所以老师对孩子的爱应该和妈妈不同。

班里这么多孩子，如何能够一一建立感情呢？我设计的方法叫“严父慈母”，首先是分工，每个老师负责一部分孩子。因为不能让所有孩子的感情都依附在一个老师身上，那样的话，这个老师就会忙得不可开交。一般的分工方法是班里三个老师每人负责和三分之一的孩子建立亲密感情，使每个孩子在最短时间内与一个老师建立密切的关系。孩子觉得老师亲切、可靠，他的行为就会在正常的状态下发展，以后就相对容易施教。要注意的是，假如某一个孩子就是不喜欢某一老师，那就赶快换一个老师，不要找原因。人与人之间的感觉是很微妙的，不喜欢就是不喜欢。

在某些情况下，老师必须对孩子采用比较严厉的态度，这时候需要发挥团队的功能，让其他老师去做，避免孩子与指定老师的感情受到伤害。当然，老师之间不能唱反调，只是教育态度有所不同，而原则是一样的。

相信你也同意第一印象很重要，所以老师第一次接触孩子之前要认真地做准备，尽量给孩子留下良好的印象。首先老师要了解孩子的特点，孩子喜欢能让自己清楚看到整个面貌的人，喜欢看到笑脸，不喜欢脸被老师的头发痒到，不喜欢香水味，

不喜欢大动作、快动作，不喜欢受支配，老师可以根据这些特点做好准备。另外，老师要提前告诉家长这样跟孩子讲，“某某老师是妈妈（爸爸）的好朋友，找不到妈妈（爸爸）时候，找某某老师等于找到妈妈（爸爸）一样”。这样家长就把孩子对自己的感情迁移到老师身上了。然后老师要用正确方法和孩子交往，千万不要吓到孩子。第一次与孩子接触时，要让孩子主动，而不是老师主动抓他的手，或者很亲热地拥抱孩子。这时的孩子是很敏感的，这样做会让孩子的情绪产生波动，所以老师要注意，要用轻轻的、温柔的动作慢慢接近孩子。另外不要让孩子觉得父母和老师在谈论他，或是很注意他，这样很不好。有的老师没有提醒父母，结果家访时父母在孩子面前评价孩子，导致孩子对老师有了不好的印象。

四、第一次家访为什么重要，如何准备家访呢

第一次家访有很重要的价值。首先，这是老师给家长第一印象的关键时机。第一印象非常重要，如果第一印象是专业的、良好的，家长以后会认可你，要是第一印象让家长觉得水平不高，以后就可能会处处质疑你，进而不配合你的工作。我发现很多老师专业很好,但不会表现,给家长的专业形象不好,反而有一些水平不怎么样,但是很会表现的老师,却令家长很信服。在现今的社会,让家长信服也是专业的一部分。所以老师要非常重视第一次家访,在第一次家访建立良好的专业形象。

第一次家访的第二个重要价值是能够掌握孩子的家庭情况。我们知道，孩子的行为习惯问题大多数来源于家庭，所以了解孩子的家庭情况，对以后教育孩子能够起到关键作用，这也是制定每一个孩子个性化教育计划的重要元素。所以老师千万不要把第一次家访当作是例行工作，匆匆忙忙地做完了事，要知道这是对你以后的工作有极大影响的环节。

如何准备家访呢？电话约访是最重要的准备工作，电话约访时老师要向家长说明三件事情。首先要跟家长说好什么时候过去、几个人过去，以及家访的目的是什么，我建议目的是“和父母商量最适合孩子的教育计划”。另外，还要交代两件事情。一是告诉家长不要逼孩子跟老师打招呼。一个不到三岁的孩子接触陌生人时，正常的反应是在旁边观察，慢慢地、自主地产生对陌生人的认识。父母不要逼孩子打招呼，如果逼他打招呼的话，孩子就会对陌生人或老师产生不良印象，所以老师要告诉家长，家访时千万不要说“宝宝，怎么没礼貌，快叫老师”。老师刚到孩子家里时可以远远地跟孩子打招呼，他愿意回应就回应，不愿意回应也没关系。老师不要冲上去很亲热地跟孩子牵手、问好、抚摸，只要给他亲切的笑容就可以了，就让孩子在旁边观察爸爸妈妈跟老师聊天。女老师可以和妈妈有一些肢体接触，如握握手、搭一下肩膀。二是告诉家长介绍老师的方法。当家长觉得孩子已经感觉到妈妈和老师是好朋友时，就要向孩子介绍老师："老师是妈妈的好朋友，假如找不到妈妈，你找到老师就跟找到妈妈一样。"这个时候老师可以跟孩子打招呼，要是孩子不惧惧，老师就可以往前一点，或者伸手给孩子握。记住，是给孩子握手，而不是老师主动握孩子的手，差不多就可以了，第一印象不要吓到孩子。

除了上面提到的，还有三点我也想提醒一下老师。

第一，红包。我们家访时，很多时候父母可能会给老师红包或礼物，作为一个老师应该坚决拒收。因为第一印象非常重要，你收了人家的礼物，以后人家说什么你就很难拒绝，就会增加自己工作的难度，所以作为一个专业老师，家长给的好处切记不要收。

第二，做好记录。老师在家访前准备一张表，这张表很简单，就用一些暗号记上你对家庭的评价，例如孩子是属于A、B、C当中的哪一种，A是能力高的，B是能力中等的，C是能力差的；父母也同样要进行分类，A是亲和、容易说话的，B是一般的，"交了学费就别再麻烦我"的那种，C是不好说话的，交了学费就要吩咐老师这个那个的那种。一般家访时都是两个老师，可以一个老师负责交谈，另一个老师在适当的时候做记录。

第三，注意安全。毕竟社会是复杂的，而幼儿园老师又多为女老师，家访时更要注意安全。如果到孩子家里发现只有男主人在，可以改日再登门。

五、家访过程中需要注意什么

老师家访时，眼睛要看，耳朵要听。重点要看家庭的常规怎么样，通过观察了解这个孩子的成长环境是有序的还是无序的。可以看鞋子等物品是整齐有序的还是杂乱无章的，如果整齐有序，这个孩子的常规相对就容易建立，要是杂乱无章，基本表明孩子过去三年没有什么秩序概念，在适应幼儿园方面就比较困难一些。

另外，老师要通过与家长的交谈了解孩子过去是跟谁一起生活的，饮食习惯怎么样，吃喝拉撒的时间规律好不好等，还要了解家长的教育观念，关键了解"孩子

能做的就让孩子做”的观念强不强。老师用眼睛看、耳朵听，基本上就可以给孩子的自理能力打分，一般是分为A、B、C三种，A是自理能力最高的，B是中等的，C是最弱的。这些资料对设计教育计划很有用。

除了了解孩子，还要了解父母，看父母是通情达理的，还是不怎么讲道理的。我就见过有些父母认为交了学费就得他说了算，幼儿园要完全听他的。老师可以通过与家长的沟通，了解他是可以沟通的，还是不可理喻的。高素质的家长愿意学习，能够和你客观讨论。但如果家长一上来就吩咐你“你要好好照顾我的孩子，不要让他受凉、吃不饱”，你就要知道这是不好说话的家长。有了这些资料，你就可以设计更个性化的家长工作计划。除了了解父母的素质，老师还要了解谁是家庭权力核心，是谁说了算，这样你就知道以后该做谁的工作了。我管理的幼儿园里有一个孩子有行为问题，老师跟他妈妈说了很多次都没用，后来有一次偶然碰到孩子的爸爸，跟他说了一次就见效了，就是因为爸爸是权力核心。老师跟妈妈说了，她还不敢跟爸爸反映老师说的问题，而老师跟爸爸一说，爸爸立马引起重视，问题就解决了。这是一个提高工作效率的小窍门，老师要引起注意。

在谈话过程中，老师要顺便做好教育家长的工作。告诉家长如何为孩子进园做好安排，例如家长可以跟孩子讲一讲幼儿园里好玩的事情，让孩子有所期待。老师要强调，家长千万不能用幼儿园吓孩子，不能跟孩子说“你不乖就送你去幼儿园”、“你不乖就把老师找来”，让孩子觉得幼儿园是恐怖的地方，也不要说“妈妈舍不得你，妈妈会很想你”之类的话，可以说“幼儿园有很多好玩的玩具，你玩完了，妈妈就过来接你”。老师也可以在孩子注意你的时候，跟妈妈说一些幼儿园快乐、好玩的事，让他认为幼儿园是开心、好玩的地方，让他憧憬、向往幼儿园。

同时，老师要把孩子刚开始去幼儿园可能发生的特殊情况跟家长说一说，例如孩子回家说被老师打了，可能只是老师点名摸他的头，而孩子不会表达，孩子去幼儿园后饮食习惯可能会有变化等。另外，老师也要把一些新手父母需要知道的知识告诉他们，例如孩子要不要在家里吃完早餐再去幼儿园，迟到了还要不要送去幼儿园等。老师可以准备一份入园须知，老师抓重点讲解完后留给家长。

最后，老师可以跟家长要一些孩子的旧物品，比如不要的袜子、旧衣服、奶瓶等。这些东西可以用于班级环境布置中，孩子看到这些熟悉的东西，家里的东西幼儿园也有，就不会觉得环境很陌生。另外，这些东西也可以当作区域材料来用，旧衣服可以拿到“娃娃家”给娃娃穿上，或者把几件旧衣服用衣架挂起来，旁边放一个洋娃娃，墙上贴上家庭合照，布置一个“娃娃家”。而旧袜子则可以用来玩配对游戏。与新材料相比，孩子刚进幼儿园时会更喜欢熟悉的旧物品。当然，老师一定要做好之前的消毒工作。

六、老师平日跟孩子交往时要注意什么，孩子才会喜欢上幼儿园

老师跟孩子交往时，首先要注意沟通方式。沟通需要的是亲和的态度，老师可以多在镜子面前做表情练习，学习怎样的表情才能让孩子感觉到是很亲和的。学会用亲和的态度和孩子沟通只是第一步，接着就要注意肢体动作示范。小班孩子不听话的主要原因是听不懂老师的语言指令，这个年龄的孩子学习方式以模仿为主，所以老师的语言最好能配合肢体动作。例如边表扬边拥抱孩子就比只用语言的表扬有效，边吩咐边和孩子一起收拾玩具就比只吩咐有效，告诉孩子“和老师一起喝水”就比说“赶快喝水”有效。另外，老师要注意说话应直接、明确，不要话里有话，例如说“你还在厕所玩水”就不如“赶快出来”直接有效。

然后要注意建立感情。要让孩子喜欢你，首先就不要吓到他，如果是很内向的孩子，刚开始时不要用过分热情的动作过去拥抱孩子或跟他打招呼，要让孩子看到你对他的态度是在意不在意之间，这样他就不会觉得老师会对他造成威胁。等孩子对你产生好奇，主动和你交往了，就容易建立你与孩子之间的初步关系了。有些老师会用奖励小红花或者小糖果等方式让孩子喜欢他，我不太认同。我认为建立感情真正有效的方法是“同理心”，即让孩子知道你明白他的感受，让他知道老师理解他，支持他。假如孩子想找妈妈或者有事不开心，老师就可以说“我知道，你心里想妈妈，老师让你在这里好好想妈妈，你想完妈妈就过来和老师做活动”。老师一定不要强硬地对他说“没什么好想的，妈妈很快就会来接你，过来做活动”，这样说只会让孩子觉得你在支配他，不理解他，这种感觉很不好。所以，老师要学会建立感情的技巧，让孩子觉得你是可以依赖的。老师应该在开始时多花些时间跟孩子建立感情，有了感情以后再进行教育就容易多了。

最后就是老师要注意以正面的引导方法引导孩子，即不要用“不能够”、“不要”、“不能”、“不准”等负面的命令式语气词。孩子在活动中没有坐好，老师说“你们还不坐好”，这就是负面的指令，是不对的，老师应该说“老师已经坐好了，老师相信你们都能够像老师一样坐好”，这才是正面的引导。我相信孩子是“说”出来的。所以千万不要给孩子“贴”上负面标签，更加不能几个老师同时给孩子“贴”负面标签。要记住，一个吃饭吃得慢的孩子不会因为老师说他是班里吃饭最慢的而

改过，相反地，他会越来越慢。而正面的引导，才会有事半功倍的效果。

以上就是老师平日与孩子交往时应注意的事项。

七、创设适合新生的活动室环境需要遵循什么原则

为新生创设活动室环境必须遵循“硬环境严格、软环境宽松”的基本原则。硬环境指时间安排、空间规划和物品使用规则等，软环境则指老师的态度。硬环境要尽量做得细致，最大化发挥环境塑造孩子的价值。老师一定要明白建立孩子的常规与老师对孩子的态度是两回事。利用活动室的环境建立孩子的常规，对刚入幼儿园的孩子很重要。老师利用孩子先入为主的特点，对新来的孩子提出要求，这样大部分孩子都会按要求做。如果一开始没有严格、清楚的要求，每一个孩子来到新环境就会按照自己的想法做，再要改正就很难了，所以环境里必须渗透严格的要求。但是另一方面，老师的态度必须是宽松的、愉快的、亲和的。只有宽松的软环境才能使孩子愿意顺从环境的要求，逐步建立常规。这样的常规，才是孩子内化形成的，而不是老师命令式的训话训练出来的；是通过适应过程形成的，而不是被外界强迫灌输而来的。这种内化形成的规则才能够体现我经常说的“教育必须是当老师不在时还有效的教育”，而用指令、命令训练出来的常规，当老师不在时，反弹的可能性会很大。

用另一个角度来说，孩子刚生下来时就像一只小动物，没有规矩的意识。这时孩子的规矩意识不能用直接的指令训练出来，因为他们还不能仅仅通过老师的语言就能够理解并且按照指示去做。我们必须利用环境给孩子暗示，通过环境培养孩子常规。其中一个我经常用的方法是把活动室的大空间环境利用玩具柜划分成许多小空间，每一个小空间只有几个孩子。这样可以把孩子化整为零，小空间里只有几个孩子，就不会让孩子从在家里不用跟别人分享，一下子过渡到要跟很多小朋友分享空间、玩具，甚至是老师的爱的环境中。划分空间环境可有效缓解孩子不适应的情绪状态，让孩子循序渐进、一步一步地发展社会交往能力。

班级区域环境相当于一个隐身的老师，而且能够做到很多真老师做不到的。比如新入园的孩子中总有一些孩子情绪不好，老师就可以设计一些小空间环境，让情绪不好的孩子在里面得到安全感。老师设计区域环境时还要注意以下两点：

第一，创造一些相对独立的、封闭的小空间，让孩子在这个小空间里只跟一两个孩子玩。这样孩子接触的人少，相互之间的干扰度大大降低，情绪也会更加稳定；

第二，专门设置适合新生的区域，其中有两个区必须引起重视。一是“娃娃家”，小孩子喜欢玩“娃娃家”，所以一个班不能只有一个“娃娃家”，而要有多个小小的、独立的“娃娃家”。其实“娃娃家”很容易做，放一个洋娃娃、挂一些衣服就可以了。孩子在这样的环境中会玩得很开心。另一个是隐私区，也是小空间。老师可以用一些纸箱来做，比如放电视、空调的纸箱，注意把里面的钉子拿下来，用透明胶封住，在箱子上面开一个洞透气，老师也可以在箱子的侧面开一个洞当做门，上面挂一块纱布，里面放两个枕头，贴几张家庭照片，让情绪不安稳的孩子躲进去，他们会很喜欢这种小空间。

八、什么样的环境布置和材料投放适合新生

活动室环境要符合新生的心理特点，投放的材料必须是他们能够立即玩起来，无需他人指导的。环境使用的说明应该直观清楚，例如说明洗手的方法最理想的做法就是用一幅幅照片把洗手的步骤展示清楚。其他应注意的要点归纳如下。

要点一，设计一些适合孩子的环境。什么是“适合孩子的环境”呢？即有家庭延伸感的环境，这样孩子情绪相对容易稳定。一般我们会用孩子的照片等物品来建立家庭延伸的感觉，如用全家福、孩子在家里涂鸦的作品、旧衣服等来做环境布置。为了满足孩子的心理需要，还可以设计“走动区”（又叫“找妈妈区”）。有些刚进幼儿园的孩子是坐不住的，勉强让他坐下来，不但不能稳定情绪，还会影响到其他孩子，在这种情况下就可以设置一个“找妈妈区”。

我一般把小班放到二楼，为什么新生放二楼比放一楼好呢？因为在二楼的话，用栅栏封住两边楼梯，孩子就不会走到其他地方去，比较安全，如果在一楼，他们走到户外就比较难处理了。另外，孩子在二楼，家长就不会在园门外看到孩子、向孩子招手，避免孩子本来情绪稳定，结果被家长一招手情绪又不稳定了。大班孩子放一楼更好是因为大班的孩子走楼梯不规矩，容易在楼梯间发生危险。一般二楼中间是有天井的，几个小班共用这个地方。这是最佳的“找妈妈区”，一个老师专门管理几个班情绪不稳定、要走动的孩子，带着他们围着天井一圈又一圈地找妈妈，累了就吃一点东西或休息、睡觉，然后接着找妈妈，到离园的

时候，妈妈就找到了。这样既满足了孩子走动的欲望，情绪比较安稳，又让他们运动了。

要点二，投放玩具材料时，品种不要多，但同样品种的数量要多。比如雪花片，可以是很多筐相同的雪花片，以降低孩子抢玩具的几率。另外，每一筐的玩具数量不要太多，因为孩子没有能力掌控大量玩具，给他一大筐雪花片，他玩不好，最后还得老师收拾，就给他几块，他反而能玩好还有能力收拾。

要点三，就是一定要把所有材料的位置固定清楚，标志一定要清楚。比如一筐雪花片，筐上必须有雪花片的标志，可以贴一块雪花片，也可以裁一张雪花片的照片贴在筐上。筐放在玩具柜的位置也应该有清楚的标志，这样谁摆放都不会乱。小班孩子很听话，只是很多时候听不懂老师的要求，多用清楚的标志指示是很有用的。再举个例子，一瓶矿泉水，怎样设计摆放的位置才清楚呢？先设计一个圆形标志，旁边还得有矿泉水的照片，矿泉水刚好摆在圆上。但矿泉水瓶是会转动的，瓶子上的品牌标志可能会对着不同方向，解决方法就是在矿泉水瓶上贴上一条线，然后桌面的圆形标志边上也贴一条线，摆放时线与线要对齐，这样不管是谁摆放这瓶水，结果都是一样的。

总之活动室里面必须有明确的标志，材料放在哪儿，活动区可以最多几个人进去等都要有清清楚楚的标志，这也是建立孩子生活常规的基本方法。

九、运用活动室环境有没有特别的技巧

我在运用环境时会利用“物”和“人”帮孩子尽快建立对班级的感情。

物的感情建立举例：孩子刚来到班里时，让他挑一把喜欢的椅子，椅子挑好后贴上自己的照片，再给它取一个名字。虽然椅子都是一样的，但孩子自己选的椅子意义就不一样了，再贴上照片，为它取名，这把椅子对他而言就是宝贝了，于是他在班里就有一件喜欢的物品了。有些老师会用标签来区分椅子，但这样孩子只认识自己的椅子，而用孩子照片的话，孩子就能清楚地知道每一把椅子是谁的，以后就能产生“你我他”概念。另外，当孩子有作品出来时，就可以用他们的作品做环境布置。班里有越多自己留下的痕迹，孩子对这个地方的感情也就会越深。

人的感情建立举例：一般孩子刚来班里时我们都会给他们指定朋友，而不会让他们自由交朋友。为什么呢？因为让他们自由交朋友，孩子的社会交往能力无法得到深入锻炼。孩子不断认识新的小朋友，与每一个新的小朋友交往，其实只是在重复同样的经验，并没有锻炼更深入的交往技能，甚至可能每一次都是不愉快的经历，结果不但能力没有得到锻炼反而自信心受到打击。我一般都会为孩子配组，能力高的A组跟能力差的C组，一对一地配。为什么能力强的与能力弱的配在一起呢？因为孩子之间有依赖性比较容易建立感情，如果两个能力一样的孩子配在一起，自然会争吵、抢东西，能力高和低的在一起反而会和谐。这样孩子很快就会有好朋友，在班上建立人的感情。

要注意的是不管怎样设计活动室环境，一定要注意安全。有很多安全隐患是老师没注意的，比如孩子会借助物品爬高或翻过围栏，我就看到过一个小孩借助小椅子爬上玩具柜，所以柜子围栏边不能有高的桌子、椅子。活动室也不能有悬挂下来的绳子，以免缠住孩子的脖子出现意外。我国幼儿园孩子较多，老师又不多，所以老师一定要好好处理安全的问题。

十、第一个月的计划该怎样做，9月份辛苦培养的常规国庆假期回来又乱了，怎么办

新生入园后的第一个月计划很重要，因为这个时候家长最关注孩子在幼儿园的情况，另外这时候的家长还没经验，大部分家长都会听从老师的引导，所以制定第一个月的计划非常重要。

我认为制定第一个月的计划关键是一句话：“孩子能做的就让孩子做”，在生活自理方面全面贯彻这个理念，包括吃饭、喝水、上厕所、穿衣服等，这样做的价值很大。首先，作为孩子而言，能自己照顾自己，他会觉得自己是个有用的人；第二，从小锻炼自理能力，对孩子建立常规会有一定的帮助；第三，做的过程就是在锻炼各种各样的能力，吃饭有手眼协调、空间感，穿衣服也一样，叠被子、捡饭粒还有数学的概念在里面；第四，孩子在生活中得到了锻炼，丰富了种种经验，以后老师在教孩子学东西时他有经验基础，相对容易理解。记得我在学校学“向心力”，老师举例骑自行车拐弯时假如摔跤了，是往里面跌还是往外面跌。全班只有我不会骑自行车，老师没有说正确答案，其他同学都理解，但我没办法理解，可见生活经验多重要。有了生活经验，学习的理解能力就提高，所以丰富孩子的生活经验，对其以后的学习有很大帮助；第五，对老

师而言，孩子能够自己能做的自己做，老师就不用再花时间照顾他们生活中的需要，能更加集中精力设计教育方案，进一步提升自己。

所以，第一个月的计划就是让孩子在幼儿园生活中自己能做的自己做，同时一定要引导家长转变观念，让家长重视孩子的生活自理能力。假如家长认同这一点，生活中就会注意，国庆假期也就不会放松孩子的常规。

十一、班里这么多孩子，执行第一个月的计划有什么秘诀吗

我国幼儿园的班额比较大，在执行计划时一定要讲究策略。

（一）一定要跟家庭紧密配合

我认为“小班是教育家长为主，大班才是教育孩子”。大部分孩子的问题都是家庭造成的，就像饮食习惯，我曾经喂一个小班孩子吃饭，他一下就吐到桌面上，然后飞快地把吐出来的东西扫到碗里，搅一搅，笑着对我说“老师，我不能吃了”。我一下就愣住了，不知道怎么反应！一般老师会给他第二碗、第三碗，直到他吃了为止。我觉得有问题，后来了解到是他家里逼他吃饭使他产生了抗拒心理，千方百计不吃。我立马做家长的工作，教育家长吃饭的科学（备注 1），问题就解决了。所以跟家长配合，跟他们说明白“孩子能做的就让孩子做”的意义非常重要。当你告诉家长让孩子“觉得自己是有用的人”会使孩子的心理健康发展，动手的经验对以后学习有帮助，相信大部分家长都会支持的。得到家长的配合，再给孩子多一点鼓励，执行第一个月的计划相对就比较轻松了。

（二）能够用间接指导解决的，老师就不用直接指导

善用间接指导能够减轻老师的工作压力。我用例子来说明间接指导和直接指导的区别。老师要考虑指导内容的专业性，专业性不高的，例如穿外套就可以用间接指导，利用家长、同伴等教育资源来做。而对孩子一生影响很大的，例如刷牙的正确方法就需要老师直接指导。“让孩子学会自己穿外套”可以通过大班孩子指导、家庭教育、区域活动等完成，没必要老师直接指导。而且在大孩子指导过程中，小班孩子不单只是学会穿外套，还学会了向比自己大的孩子学习，如果是家庭教育的话，还学会向父母学习，而在区域活动中学习就学会了自学，这也可以说是学习过程比结果重要。但是刷牙、擦屁股的学习是结果比过程重要，就需要老师直接指导，然后在家庭生活中强化。

（三）让家长看到孩子的进步

老师每天要轮流关注几个孩子的变化，记录下来告诉家长，同时指导家长在家里如何配合，家长觉得有效就会积极配合。家访时了解每个家长关心哪一点，只要不违反教育原则的，就首先针对那一点。小班一般没什么大事，主要也就是吃喝拉撒。如何能够很快看到进步呢？就说吃饭，吃饭的策略性相当重要，比如盛饭时只给孩子小小一碗，他没有压力就能够完成，有了成功感，就会再添饭。对那些吃饭特差的孩子，老师可以先让他自己吃两口，再喂两口，慢慢提高他的能力。吃饭前要特别注意引起孩子对吃饭的兴趣，可让他们猜猜今天吃什么、什么颜色等，让孩子对吃饭充满着期望，而不是呆呆地坐在那里等吃饭。

这样可以很容易地让孩子有进步，家长就会更配合。孩子得到老师和家长的支持，自然就会喜欢上幼儿园。

* * * *

备注1：吃饭的科学

要明白吃饭是一种自然规律和社会发展结合的安排，自然规律是肚子饿就吃，由于每一个人的情况不同，所以每一个人可能会发展出不同的吃饭规律。但是社会的运作需要统一吃饭时间，于是就需要从小安排孩子适应吃饭规律，吃饭的时间要按照社会的安排，吃的内容也应该根据大人了解的科学知识安排。当然，吃的量应该由孩子的身体决定，不应该强迫。培养的关键就是规律，没规律身体就没办法适应。

这个规律并不只是幼儿园的规律，家里也要有同样的规律，幼儿园和家里一定要配合好。有时候大人喜欢用很香的东西吸引孩子吃饭，这种做法并不可取。吃饭是为了健康，并不是为了香、好吃，如果孩子身体不需要，吃过量了，这也不是好事。正确的做法是让孩子的身体适应吃饭规律，平时不给零食，肚子饿了他自然就会吃。

第二章

然后就要建立孩子的常规

原来只要掌握“循序渐进”的秘诀，建立孩子的常规一点也不难。

我观察到老师最累的其实不是教育工作，而是处理孩子的常规问题。小班的孩子好像不管怎么说还是不明白老师的要求，大班的孩子是听明白了要求但就是不遵守。很多老师，特别是带新班老师的嗓子都是沙哑的，因为要不断地说，不断地喊。和外国的小班额不同，我国幼儿园的班里有30个、甚至更多的孩子（我就看过85个孩子一班的），再有耐心的老师，到最后也不得不采用消极式的管理——严厉的态度。针对常规，最近又有另外一种极端的说法，有些人说“应该让孩子想怎样就怎样，不想进班就不要进班，不想吃饭就不吃，这才是尊重孩子”，我认为这是哗众取宠的极不负责任的言论。

那究竟该如何建立孩子的常规呢？现在就让我们一起探讨这个问题。

一、什么是常规，建立常规有什么意义，是不是就是要让孩子听话、服从大人的指令

简单来说，幼儿园的常规就是老师设计的一些规则要求，例如吃饭前要洗手、玩玩具后要收拾等。但严格来说，常规是建立文明社会的规则，是为了令大家共同生活的环境更美好而制定的规则。这些规则结合了“文明知识”，如不能随处吐痰，因为会传播细菌，“文明解决矛盾的方法”，如不能用暴力，要通过商量谈判解决矛盾，“统一运用公共资源的要求”，如坐公交车是前上后下等，最终目的是建立更美好的集体环境。更高层次的还有人和人之间的隐性规则，如不能伤害别人的感情等。

可以说，常规教育是寻找规律，制定规则的过程和结果，是对生命、生态的认识和尊重，常规也是体现个人素质的主要指标。

有些老师认为建立常规就是要用惩罚或奖励的手段让小孩服从班级里的规则，让孩子听话，其实这不是常规的真正意义，是错误的。建立常规的价值更多体现在处理矛盾冲突的过程中，让孩子了解和学习建立和谐环境的经验。

我把幼儿园建立常规的深层意义归纳为这几点，第一，利用低幼阶段孩子“还没有太多自己想法”的特点，运用环境塑造“有价值的行为习惯”；第二，利用低幼阶段孩子“具体形象思维的固着性”（即不会灵活变通）的特点，强化或者重新塑造孩子理所当然的秩序感（宇宙的万事万物都隐藏着规律，孩子自有生命开始就有秩序感，但往往在出生后遭到破坏)，为以后对生态的认识和尊重奠基；第三，到高幼阶段，当抽象思维开始萌芽时，老师就可以教育孩子规则背后的意义是“尊重”，是“公平”。尊重是有些事情就算你不喜欢也得做，公平是有些事情你不同意的也得全力支持，而判断的基本原则是“会不会影响别人”。同时让孩子学习制定规则，执行规则，学习解决矛盾冲突的方法，为未来融入社会奠基。这也是幼小衔接的重要一步，因为只有建立常规意识后，孩子才能够在学校好好学习，以后才能够好好融入社会。可以说，建立常规是孩子从以自我为中心到以社会群体、以自然生态为中心的一个发展过程。

而对老师来说，建立孩子的常规是有效教育的基础。但是，只有能够“内化”的才是真正的常规，内化的标准是“当老师不在、没有奖罚时的真实行为”。采用命令方式建立的常规不但不能够内化，还会对孩子的心理发展产生不良影响，到大班，孩子的行为反弹可能性更大，老师的管理就更累。而内化了的常规就不一样，活动室的管理从小班以老师管理为主，到中班老师和孩子共管，最后就是大班以孩子管理为主，老师的工作就可以相对轻松一点。我觉得“太阳和风比谁能够脱了路人衣服”的故事，就能很好说明爱和耐心才是真正有效的教育方法。

二、建立常规有什么原则，在这方面，我国幼儿园和其他先进国家有什么不同

我认为建立常规有以下原则。第一，要建立师幼之间的感情基础，每一个孩子最少要有一个感情很好的老师。因为有了感情基础，孩子才能感受到有人支持，有了支持，孩子才有力量面对规则的挑战。美国有研究指出，孩子和幼儿园老师的感情对孩子以后的学习有极大的影响（Peisner-Feinberg et al.，1999）；第二，要分清楚小中大班孩子的不同特点，根据特点制定教育内容和引导方法。这三年期间，孩子的心理变化很大，跨越了直观行动思维、具体形象思维和抽象形象思维的三种思维模式，每一种都有不同的理解世界的方式，必须对症下药才有效；第三，老师要能够控制自己的情绪，以正面的态度面对孩子的常规问题。最终的目标是把幼儿园建设成一个和谐的小社会，使每一个人（包括大人和孩子）在这里感受到正面的支持，互相帮助，通过讨论解决矛盾冲突。老师是这个小社会的领头羊，老师的态度决定了所有人的态度。所以，老师应该以正面的态度改变其他人的负面态度。以上三点原则和外国的基本相同。

但我国幼儿园的情况是独特的，和其他先进国家的幼儿园老师相比，我国老师的工作难度高很多。原因一，在外国吃完快餐的垃圾是自己清理，开车让路人是理所当然的事，孩子从小就在社会中培养了良好的行为习惯，然后才进入幼儿园。我国则恰恰相反，孩子在社会中形成了不良的习惯然后进到了幼儿园；原因二，外国班里的孩子比我国的少多了，如果我们的老师只要面对15个孩子，估计问题也就不大了；原因三，外国的父母不喜欢老师包办，要求孩子能做的就让孩子做，而我国许多父母的概念还是“照顾就是包办”；原因四，外国吃饭和睡觉没有我们讲究，而这两项正是我国幼儿园老师最累的工作……总之，在某些方面，我国和外国的幼儿园是完全不同的，那老师的微小力量该如何运用才能够放大呢？

我的经验是采用化整为零和角色转移的策略，同时把发展常规的目标侧重在“丰富孩子的交往经验”上。因为我国大部分孩子是独生子女，这些孩子往往缺少和其他孩子交往的经验，但是“遵守常规的意识需要建立在社会交往的经验基础上”，只有真实的社会交往经验才能让孩子之间产生摩擦、矛盾，有了这些经验，就容易理解老师讲的规则，才能将规则内化。

基于以上的考虑，我认为孩子刚到幼儿园时，首先需要丰富孩子的社会交往经验，让孩子从只有一个孩子的家庭环境，慢慢过渡到有很多孩子的班级环境，在这过程中建立常规意识。这样当他从以自我为中心转化为以群体、集体为中心时，这个心理内化过程才有意义。

三、什么是化整为零的策略，如何实现这个策略

首先要知道现在家庭一般只有一个孩子，但从家里来到幼儿园，一下子要跟几十个孩子一起生活，超出了刚来幼儿园的孩子的最近发展区，他们没办法一下子适应过来。所以，老师在建立孩子的常规时，首先要注意的是，一定要让孩子之间的交往从少到多、循序渐进地进行，这也就是化整为零的策略；其次是我国社会的整体素质不高，孩子很容易被社会的不良现象、甚至父母的不良行为影响，这样老师辛苦教育的成果就很容易毁于一旦，所以老师就要教会孩子角色转移的方法，让孩子对社会的影响产生免疫力。

体现化整为零的策略可以有很多方法，如分批上幼儿园，让第一批熟悉规则之后再让第二批进来，如此类推。而我习惯用的是我发明的“渐进式区域教学法”，这套方法在很多幼儿园应用过，效果很明显。这套方法是通过由封闭到开放的环境，让孩子能够从少到多地交往，逐渐适应。具体做法是首先把孩子分布在不同的封闭区域中，区域与外面是隔开的，孩子在这个封闭的区域内跟少数孩子（一两个）交往，这样孩子就有一段比较长的时间更有效地、不受打扰地发展自身的社会交往能力。老师也不用一下面对这么多的孩子，只是在小组里处理问题，影响面降低，管理工作相对就容易一些。这些阻隔还有另外一个作用，就是可以减少孩子乱跑的几率。

当这些孩子能够在小范围里遵守常规，懂得交往的方法、技巧后，我们就把这些区域从封闭逐渐扩展到开放，可能一开始区域里就只有两个孩子，慢慢增加到三个、四个，最终到大班时根本不存在区域的形态，区域只是在心里，孩子知道在不影响别人的前提下，自己有选择的权利。

“渐进式区域教学法”的口诀是“从封闭到开放，从有形到无形”。所谓“从封闭到开放”，是指物理环境原先是封闭的，但不能够永远封闭，封闭性的区域对孩子的常规管理很有效，但永远封闭不利于孩子的社会性发展，所以一定要随着孩子交往能力的提高，逐步开放封闭性，最后变成没有物理间隔的区域。开放封闭性的做法可以是把区域的进出口扩大，也可以把玩具柜移开，而在地面贴一条线代表隔断，或者只是增加区域里孩子的数量。不管如何调整，目标也就是让区域里的孩子从原来看不到区域以外的孩子，不受干扰，到这个区域屏隔高度降低之后视线能看到了，但看到也不受干扰，最后到把区域的屏隔拿开，孩子也不会走过去打扰别人或受别人影响。

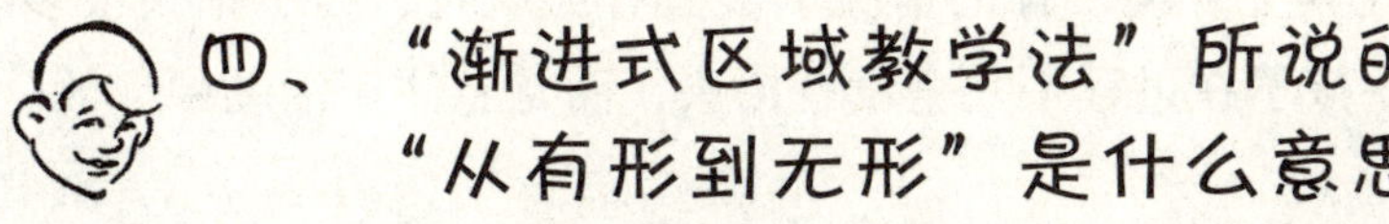

四、“渐进式区域教学法”所说的“从有形到无形”是什么意思

从有形到无形，即一开始真的是有一个物理屏隔，让孩子不受干扰，到后来孩子心里知道只要我不打扰别人，就可以在任何地方做想做的事。这既能促进孩子自主性的发展，又能让他尊重别人。建立了这种内化的常规，孩子就能够以此作为判断的标准，适应不同地方的环境、规矩，而且不会盲目服从他人。除了利用物理环境，老师也要不断教育孩子判断的原则。我用的标准是“这样做会不会影响别人”，不会影响别人的就可以做，“这件事会影响别人”就不能做。以此作为判断的标准，到大班时就不需要物理屏隔的区域，孩子的常规意识已经内化到知道只要不影响别

人，就可以有自主的决定权。这样孩子就可以跨区域活动，如美术区的孩子可以拿了工具到建构区临摹里面的作品。

“渐进式区域教学法”可以多方兼顾，既不会让孩子变成一个盲目服从的人，丧失自主性，又不会让他变成以自我为中心的人。

设计渐进式区域的方法有许多种，例如，小班孩子刚到班里时，老师可以首先要求孩子拿了玩具面对墙壁单独玩，一排孩子面对墙壁坐着，因为眼睛只能看到墙壁注意力就比较集中，互相干扰的情况就少了。但相比家里环境来说，因为左右两边多了孩子在玩，所以是有所提高的。孩子玩了一段时间后，老师就可以让孩子跟他的好朋友面对面坐着玩。但这个时候还要让他保持距离，只能看到，不能接触到，免得争吵，让他们看到对方用同样的材料玩，通过眼睛互相学习。再过一段时间，两名孩子就可以共玩一筐玩具。这个例子说明的是渐进发展、渐进开放，从浅到深、从易到难的过程。

除了面壁的方式，老师也可以利用玩具柜作为隔断，设计封闭的区域，或者是利用玩具柜本身的高度作隔断，让孩子坐在地上，这样也会挡住区域之间的视线。设计区域的一个秘诀是，刚开始每一个区域的进出口都要做小一点或者是用纱布做一扇门，这样就能减少孩子跑动的欲望。

设计渐进式区域教学法时，桌子也是可以利用的，假如玩具柜不够，就可以用桌子作为屏隔。区域设置在桌子旁边，孩子坐在地面上活动，这样桌子就成为中间一个屏隔。另外一个经常用的工具是屏风，有现成品当然最好，没有也可以利用纸皮箱或泡沫板来做。我在一些幼儿园做过实验，比较有屏风和没有屏风时孩子专注力的差异。结果是在其他环境一样的情况下，没有屏风时，孩子抬头很多次，增加屏风后，同样的那些孩子在过程中完全没有抬头，而是专注于活动中。

五、“渐进式区域教学法”可以丰富孩子的交往经验，但如何让孩子遵守规则呢

要孩子遵守规则首先要让孩子明白规则，一般可以用这样几种方法。第一种，老师和孩子一起做。老师只用语言吩咐孩子，特别是低幼的孩子，是无效的，老师应该边说边做，如老师说“我们收拾玩具了”，然后和孩子一起收拾，而不能只说“你们赶快收拾玩具”；第二种，在教学活动中模拟情景排练，锻炼孩子的常规意识

和能力。例如，我们要孩子收拾玩具，就可以利用一次集体游戏活动，老师设计情景模拟的游戏让孩子锻炼，通过集体活动的感染，让孩子互相模仿学习。这样，孩子就容易明白老师的意思，而且活动过程中能反映孩子不理解的地方等问题，老师就可以统一指导解决。进而老师引导孩子把模拟锻炼的情景运用到生活中，这样就减轻了老师在生活中逐一指导的工作量；第三种是利用清楚的常规标识。这一点相当重要，因为孩子对语言的理解能力是很低的，而一些标识、图标就能让孩子清楚地知道物品该放在哪儿，洗手的步骤是怎样的。比如，一种玩具放在筐里，这个筐放在柜子里，这就牵涉两个标识，玩具筐里放什么东西是一个标识，玩具筐该放在什么位置是第二个标识。给小班孩子的标识应尽量直观，如实物照片，到大班就可以用文字作为标识图标；第四种就是让孩子教育孩子。把班里孩子按照能力分为A（自理能力最高、常规能力最好）、B（中等）、C（较差）三种，通过A孩子带动C孩子，一对一建立小组，让能力高的孩子教育能力低的孩子；最后一种是分组教学法。我国幼儿园的班额很大，人数很多，要是全部孩子作为一个整体进进出出的话，等待的时间就会很长，超出了幼儿的能力，分组教学法就很适合中国幼儿园。例如，孩子从户外进到班里，要是集体去厕所小便、洗手的话，等待的时间就很长，完全超出了孩子的耐心。这个时候就应该采用分组法，让孩子有一点时差，第一组先进班，另外一组先在户外玩或继续帮忙收拾东西，过一会儿再过来，减少不必要的等待。分组教学法也适合用到新生入园这个问题上，让孩子分批进到幼儿园，第一批先适应了，第二批来的时候，就可以由第一批已适应的孩子去带动，孩子相对就容易适应，最后才是第三批。

六、如何制定不同年龄段的常规要求，如何实施

首先不管是什么年龄段，常规基本上就是这几项。第一，学会听老师的指令，孩子听到某个指令就需要做指定的动作。指令方式可以是用钢琴弹几个固定的音符，也可以是摇动铃鼓，或者是拍手等。指定动作可以是集中到老师身边，或者是回到自己的座位上等。第二，按照时间表和要求进行活动，如吃饭时要吃饭，玩玩具要遵守规则等，其中对户外活动的要求要特别注意。第三，遇到问题如何处理，如被其他孩子打、咬，找不到剪刀等的处理方法。第四，按照规定取放物品。第五，不能够做的事，如打人、把幼儿园的玩具拿回家等。

孩子从两三岁成长到五六岁，不管是生理还是心理上都有很大的变化，所以在建立常规的细节上还是应按照不同年龄段孩子的特点处理。从小班到大班的不同基本在于小班时我们尽量利用环境塑造常规，到大班时则让孩子自主，理解常规背后的意义，内化形成自律。

设计小班的常规教育内容要注意这样几点。第一，小班的要求应比较简单，如老师的注意指令应只有一种，其指定动作也应比较容易。我看到有老师这样要求小班孩子，“玩玩具听到这个音乐时就要收拾玩具，平时听到这个音乐就要过来老师身边，如果是户外活动回来听到这个音乐就要坐到自己的椅子上”，这对小班孩子来说实在是太复杂了；第二，要求要比较宽松，如一日活动安排应该留给孩子选择的余地，孩子可以选择参加集体活动或者是区域活动；第三，在活动过程中老师要不断提醒孩子，语言要以孩子为本，如说“还有五分钟就要收拾玩具了”，就不如说“你们还可以多玩五分钟”；第四，从少到多、循序渐进地提出常规要求。如果小班是九月份开学，第一个月应重点抓安全有关的常规，其他则等国庆假期回来再说。

设计了常规内容后就要考虑施教问题了。一般而言，小班孩子都比较听话，比较愿意接受老师。小班常规建立的第一步是先让孩子有安全感，老师可以用一些方法让孩子觉得这个环境其实就是家的延伸，老师对他是很亲和的，不会支配他、命令他，逐渐让孩子建立对环境和老师的安全感，这也是常规建立最基本的要求。很多时候孩子的常规不好，故意捣蛋调皮，其中一个主要原因就是对环境没有归属感，班里面没有喜欢的老师。有了安全感作为基础之后，就可以让孩子了解集体里的一些要求。要让小班的孩子理解，老师要先做示范，再让孩子去做，然后可以利用照片的指示提醒，这样孩子就会更明白一些。难度很高的还可以用集体游戏强化。

而大班孩子就完全不一样了，那个年龄段的孩子不是不了解常规，只是为了表现他的自我、他的能力，他会故意跟老师反着做，跟老师捣蛋、对抗。所以，建立大班孩子的常规不应该是由老师说教，而是先要让孩子明白建立常规背后的意义，即让大家有更安全舒适的环境，然后由老师和孩子共同建立常规。老师引导孩子提要求，说出在每一个范畴里应该怎么做，比如排队，喝水要不要排队，要排几个人，怎么排，有什么是不能做的，遇到冲突如何处理等。最后定下规则，大家按个手印、签个名表示同意。然后，孩子之间再互相监督，互相提醒。老师应尽量让孩子自己解决问题，如果能做到这样，不但是为孩子提供了高层次的常规教育，老师自己也减负了。

七、如何引导中大班孩子讨论和制定常规，如果孩子“不听话”该如何处理

和孩子讨论和制定常规前，老师要做好这些准备工作。第一，一定要的规则；第二，保障孩子、老师身体安全的规则；第三，尊重他人权利的规则；第四，保护每一个人的尊严和感受的规则；第五，保护活动室物品的规则。

然后，老师要准备一些情景以备提问引导用，如孩子打人等。准备好就可以通过谈话活动导入。谈话活动中，首先是要让孩子明白之所以制定规则是为了让大家有安全舒适的环境；其次要让孩子理解什么是规则，让孩子知道这是必须遵守的承诺；接着就可以讨论什么规则能够让大家感觉到安全，如不能够打、踢、咬别人，不能够在班里奔跑等；然后就可以讨论如何避免伤害别人，如不应该取笑别人，要帮助别人等，也可以教孩子制作一些提示性的标识，如用背景音乐的音量作为交谈音量的指标、张贴提示的海报等；最后就是讨论解决问题的方法，如处理争吵的方法等，一般希望孩子学会自己解决简单的问题，不要事无大小都找老师。

讨论后老师就要整理，尽量简单易懂，规则最多五条。也可以在讨论后让父母参与进来，和孩子再深入讨论，同时制定家里的规则，这样双管齐下，效果会更好。要注意的是，这些规则对大人一样有效，所以老师、父母也得遵守，这样才能体现公平。

不管老师如何努力地建立常规，还是会有一些孩子不遵守规则。对这些孩子的处理能体现幼儿园教师的真正价值，即改变和重新塑造孩子。所以，老师要认真对待，不要为了方便管理，而采用伤害孩子心灵的方法。老师应该站在孩子的角度去思考，感受孩子的感受，找出原因有效解决。

孩子不遵守规则一般有以下的几种原因。第一种原因是要求超出了孩子的能力。我看到过有些老师要求小班孩子收拾一大筐雪花片，但小班孩子根本没有这个能力做到，于是做一下就失去耐心了。另一个经常碰到的例子是老师要求孩子排队，队伍太长，等待的时间远远超出了孩子的耐心，孩子开始还能够保持安静，但是等久了就开始说话。这些超出孩子能力的要求勉强去做，只会让孩子厌恶、讨厌，根本不可能建立良好的常规。

第二种原因是孩子情绪不好。孩子前一晚睡得不好，或是饮食不好、身体不舒服，这在小班经常碰到。因为情绪不好，所以不想做。老师要根据孩子平时的情况

进行判断，如果孩子平时都很守规则，今天突然不同了，老师就要注意，让他到隐私区休息或在旁边休息，别给他太多压力。

第三种原因是幼儿在家已经形成了不良习惯。我曾经见过孩子喜欢跷脚，就是因为在家学习了父母的坐姿。还有更严重的是用积木模仿打牌，这些都是家庭教育的问题。有效的解决方法是角色转移法，即告诉孩子他的身份是这个班的孩子，他是独特的，和其他人不同，其他人（包括父母）做的事是其他人的事，他只能按照这个班的规则去做。这种思维能够让孩子对社会的不良现象产生免疫能力。

第四种原因是幼儿还没有掌握正确的处理方法，对这种孩子就是和他一起做，有耐心地慢慢教导。

最后一种原因则可能是孩子想引起老师的注意，老师的惩罚也是一种关注，所以有老师奇怪，为什么不管怎样惩罚，孩子都改不了他的坏习惯，其实是因为孩子就想老师关注他。家里缺乏爱和关心的孩子最容易有这样的问题。老师可以采用“取代法”，对孩子错误的行为不予理睬，冷处理，同时教育孩子用正确的方法取代错误的方法。当孩子用正确的方法时，老师立即反应，让孩子知道做对了老师才会关注他，慢慢地孩子就会改正过来。

八、除了制定和执行规则外，常规教育还要注意什么

其实往往对常规造成最大破坏的不是孩子，而是老师。在幼儿园经常听到老师斥责孩子：“我不是说了几百次，怎么还不明白？”“我不管是谁对谁错，总之我很不喜欢你们的表现。”“为了惩罚你，现在我要你……”试想，这样说是不是已经破坏了班里的和谐呢？

软环境是常规的灵魂，软环境指的是老师的素质、老师的态度。老师不应把自己当作班里的统治者、管理者，而应该把自己当作引导者、共管者。孩子要遵守的，老师也要遵守。除了这种态度外，老师还必须注意情绪，不能为发泄情绪而对孩子有粗暴的语言和行为，这样不但对工作没有帮助，反而会让其他孩子学习老师的行为，令常规更差。

所以最后对于建立常规的忠告就是——建立孩子的常规，从老师个人的素质开始。

第三章

学会正确利用区域活动减轻工作负担

只有灵活运用，才能够充分发挥区域活动的作用，帮助老师减轻工作负担。

区域活动是一种很有用的教学工具，学会利用它就可以减轻工作负担，提高工作效率。

一、什么是区域教学

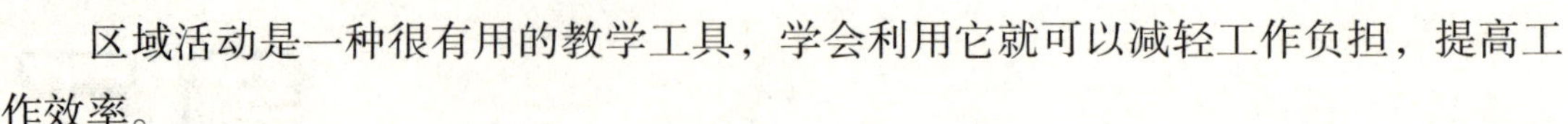

幼儿园的区域设置就如同我们把家的空间划分为客厅、餐厅、卧室和厨房。课室原来是一个空旷的空间，只是给老师上课用，这个上课的意思就是让老师进行集体教学，按照学校的概念，这个课室的功能就只有一个，所以就只需要把桌子、椅子摆整齐，等老师来上课就可以了，就等于是一套大房基本上就是拿来做客厅聚会用，摆满沙发就可以了。

幼儿园和学校很不一样的地方在于不只是采用集体教学，我们需要在课室的空间进行规划，把它划分成不同功能的区域，就像买房子后就要对房子进行规划，需要有客厅、餐厅，要是孩子多的家庭，可能还要有孩子游戏的空间。

如果房子很大，空间就可以固定下来，一部分作为饭厅，一部分是客厅。要是房子不大，就可能一个空间在不同时间段有不同的用途，这段时间用来做客厅，到吃饭的时候就变成餐厅，这就是区域教学的含义所在。

在活动室划分不同的空间，形成不同的功能区域，这些区域可以是临时的，有时间性的，或者是在不同时间段有不同的功能，也可以是一个空间固定一种功能。

二、为什么要进行区域活动

这是因为幼儿园的教学跟学校很不一样，不只是用集体教学。在幼儿阶段，幼儿的个体差异很大，主要有两个原因。第一个原因是孩子到学校的时候已经接受了幼儿园、学校、社会的统一塑造，孩子雷同的经验比较多，所以差异性比较小。幼儿园就不一样了，幼儿园是孩子从家里进入社会的第一步，每一个孩子受到的家庭环境的影响都不同，因此幼儿园孩子的差异性比小学生大。

第二个原因是这个年龄段的基数很少，对于四岁的孩子来讲，八个月 的差异是很大的比例，接近百分之二十的差异，如果孩子年龄达到十来岁，八个月的差异所占比例就不多，所以年龄差异性在幼儿阶段是很明显的。

基于以上的原因，老师要是采用集体教学，就无法满足每一个孩子的要求，老师必须采用多种形式教学。而且，这个时候孩子的学习特点也跟小学生不一样，更多的是采用模仿性学习、感官性学习，一手经验的学习对于他们非常重要，而小学生主要用理解性学习，所以在这个时候的教学模式必须多样，更多地让孩子自主选择，通过游戏获取一手经验。

另外，中国幼儿园的活动室还得用来吃饭和睡觉，只有利用区域理念才能满足这些要求。

三、区域活动有什么教育价值

（一）促进孩子的自主性学习

在区域活动过程中，孩子拥有选择活动内容的权利，这些自主选择的经历能够促进孩子的自主性学习。

（二）缓解个体学习差异

相对传统老师上课的模式，孩子自选的活动会更接近个体的水平，所以自选活动能够让每一个孩子从适合自己的学习水平开始学习（最近发展区），因此区域活动能缓解个体学习差异的问题。

（三）能让孩子有效建构经验

区域活动是需要孩子动手操作的，在操作过程中，孩子需要不断运用过去的经验、知识与“新环境”进行重组（建构），这个过程可以说是在“消化”、“反刍”知识和经验，是在进行知识的“内化”，所以区域活动能让孩子有效建构经验。

（四）有利于发展孩子的交往能力

区域里一起活动的孩子的数量比起集体活动时的要少多了，这样有利于孩子循序渐进地发展交往能力。

（五）减少老师直接指导的时间

区域活动也是一种间接指导的方法，老师利用环境和材料教育孩子，这样就能够省下时间处理更为重要的工作。

四、不同年龄段孩子的区域活动有什么不同

小、中、大班三个年龄段的孩子心理特性有很大不同，小班孩子需要建立心理安全感，提高自理能力，他们更多采用直观的学习方式，即摸到、看到、接触到的才对孩子有意义。小班孩子还不会很好地进行社会交往，所以在空间划分时要避免孩子之间产生干扰，封闭性相对要高。

小班孩子的社会交往水平低，不会合作、互助、讨论，只是停留在我模仿你做，你模仿我做，我做了给你，这种简单的合作层面上。所以每个区域里的人数不宜太多，而且区域里的孩子要避免受到区域外孩子的干扰。里面的情境相对要直观、丰富，同时材料的投放必须符合这个年龄段特点，数量不宜太多，复杂性要低。

中班跟小班最不一样的地方就是心理发展相对成熟，老师应侧重孩子形象思维的发展、技巧的应用，所以区域应提供较多的低结构材料，什么叫低结构游戏呢，就是类似建构活动、美工活动，或者是水、沙活动等没有标准答案的游戏。这些对中班孩子更有价值，因为这个时期要把过去在直观接触中得到的经验，通过低结构游戏加以丰富。每一次游戏时，都可以通过自身的活动重现过去的经验，这等于把重新建构原来的思维，有利于其学习能力的发展。

至于区域的布局，由于中班孩子交往能力提高了，需要设计初步合作的环境，如“娃娃家”的复杂性可以增强，可以有更丰富的情境，材料投放的难度也可以更高了，比如拼图的拼片数量可以比小班的多。简单地讲，材料投放就是要循序渐进，从少到多，从易到难。

跟小、中班孩子相比，大班孩子的自我表现欲开始变得强烈，所以应该让他们在活动中更多地参与，例如让孩子参与区域的布局、区域标识牌的设计等。而且这时候是孩子社会交往能力和规律性发展的重要时期，所以区域可以更开放，甚至是没有物理的间隔，老师要相信孩子的自律能力，只要不影响别人，就可以自由选择活动的空间。另外，这时候也是孩子抽象思维初步萌芽的时候，材料投放的难度应进一步提高，增加一些高结构游戏。

五、一般可划分为哪几种区域

区域是一种概念，只要能起到教育价值，什么区域都可以设置，如第一章里提到的“找妈妈区”。不过按照一般的安排，我们会划分为五大区域：益智区、美工区、建构区、角色区及语言区，有时候会把益智区再划分为数学区和科学区，也会在语言区里再划分一个表演区出来，现在也有把建构区再划分为木工区、沙水区的。

（一）益智区

基本上我们可以这样考虑益智区，即通过投放高结构、低结构的材料达到教育目的。高结构的材料就是有标准答案的，如拼图就是高结构材料，因为它是有标准答案的，而水和沙等没有标准答案的材料就叫低结构材料。高结构、低结构材料有时也可以互相变通，比如雪花片属于低结构材料，但如果老师在一筐雪花片里提供了一个工作纸，让孩子按照要求模仿拼摆出来，那么这一套材料就又变成高结构的了。

益智区基本上是让孩子在操作材料的过程中学到或得到一些知识的积累、思维的发展。中国的益智区材料偏向于高结构的多，就是有标准答案的多，所以我们可以这样理解，在我国，益智区更多体现为向孩子传递成人的知识或技巧，让孩子复习、运用在幼儿园或社会学到的知识。举个例子，老师在集体活动教了3的分解和组成，接着就可以在区域活动中让孩子通过实际应用迁移内化。

（二）美工区

画画可以让小班孩子得到大肌肉及感官的锻炼，中大班的孩子还可以藉此训练小肌肉及各种思维，包括很重要的形象思维，同时孩子们能学到一些画画的技巧，这些都是学习写字前重要的基础准备。所以，要让孩子得到有效发展，除了让孩子自由涂鸦外，也应该适当要求孩子用点、线等画画，因为它们是组成文字的基本元素。

手工类的活动，如折纸、粘贴等，不但能进一步发展孩子的大小肌肉，而且能有效发展孩子的立体空间概念。但需要注意的是，老师必须用规范的语言引导，如“把你面前的纸左右角对折”等，这样就可以丰富孩子空间概念的经验，为以后的学习奠基。

（三）建构区

建构区的功能就是让孩子在里面玩大积木，在搭建积木的过程中发展空间概念、语言能力等。因为是大的积木，在玩的过程就很容易产生社会交往，例如争吵，合作等，所以建构区也能发展孩子的社会交往能力。对于孩子之间产生的问题，老师应该把握什么情况该让孩子解决，什么情况自己该介入。这很难有一个标准，基本的原则是只要没有暴力行为，老师就应先让孩子自己处理，之后再介入。

除了发展社会交往能力外，建构区也是“消化”、“反刍”知识和经验的区域。孩子通过搭建，逐步完成一个作品，在这个过程中孩子的思维获得了锻炼。所以中、大班的建构区的作品尽量不要拆，应让孩子不断延续搭上去。否则今天搭好了，回头拆了，孩子明天又要重新搭，不断重复，孩子的能力没法提高。如果区域没有空间的话，可以在地垫上做文章。老师一般都会在建构区铺地垫，在这里多说一句，地垫不要用杂颜色。在一个区里什么颜色都用，这是不对的，因为杂色没有意义，除非要用颜色区分不同地方的不同功能。举个例子，摆放材料的是蓝色区，过道是黄色区，搭建的是绿色区，在绿色区里有几块是红色的，老师可以告诉孩子：“在红色上面搭建的作品老师不会拆，因此可以搭得复杂一点，其他地方的作品是要拆的，因为要摆桌子吃饭或者摆床睡觉”，这样就可以保留一部分作品不拆。

如果想进一步发挥建构区的功能就可以把作品和主题课程相结合，孩子在建构区制作一个主题成果，逐步搭建完成一个大型的作品。

建构区常见的几个问题包括老师错误投放小型拼插玩具，如雪花片，还有摆放材料的地方和搭建场地之间没有过道，容易互相影响，或者地面没有铺软垫，容易发出噪音。这些问题老师必须引起注意。

（四）角色区（娃娃家）

小班孩子可以在这个区模仿生活中的父母角色，复演所看到的社会情景，在这个过程中可以稳定情绪，建构直观思维，产生形象思维。在模仿、复演的过程中同时发展、锻炼其他的能力和情感，所以“娃娃家”在小班是很重要的。到了中、大班时，孩子能在其中锻炼语言表达、社会交往能力，甚至是数学的运用能力，比如孩子拿一定数量的钱进“超市”买东西，让“收银员”算账，通过模拟情景，锻炼孩子的数学能力。

角色区老师必须引起注意的问题包括零散、不系统地投放材料，情景和材料不匹配，有材料没情景等。

（五）语言区

一般我们会把语言区等同于图书区，其实图书区跟语言区还是有区别的。语言区是有效运用有一定要求的语言发展区域，我是这样理解的，因为没要求的语言发展在其他区里也能实现，如角色区、建构区，日常生活中也能做到。我认为语言区应该分为两个，一个是安静的图书区，还有一个是有噪音的表演区，或者是演讲区、讨论区。因为这两个区一个是静一个是动，是不能放在一起的。一般而言，小班设置简单的表演区，大班则可以增加辩论区、讨论区。

六、区域布局有什么要点

所谓布局，也就是说我们在班里面怎样摆放区域。我的经验是首先考虑老师站岗的位置，老师站在那个位置可以一目了然看到整个活动室，也就是老师最方便管理孩子、照顾孩子的那个位置。一般来讲，老师都会选择靠近门口，有黑板、电视的位置。接下来就要考虑桌子怎么摆，按三十个孩子一个班来算，就有五张六人桌，六人桌最主要的作用是吃饭，建议把六人桌靠近门口，方便老师安排吃饭和需要用桌子的区域活动。同时，也要考虑方便老师的集体教学，集体教学多的话桌子摆放就集中一点，要是集体教学不多，就可以分散一点。六人桌摆下来，基本上就定了美工区、益智区，因为美工区、益智区是唯一必须用桌子的区域，而且这两个区相对安静，活动室前半部就可以这样安排。

一般可把闹区（包括建构区、角色区）安排在后半部，安静的语言区安排在前半部，表演区要是没有空间就不放，或者放到活动室外面，因为表演区是有最大噪音、最大干扰的，而且它的价值能够用其他区取代。

位置安排好以后就要考虑区与区之间隔断的封闭程度适不适合。一般小班封闭性要做得强一点，设置一个比较小的进出口，防止孩子进出时乱跑，这样相对容易管理，而且在区里的孩子不会受其他孩子的影响。但区域的隔断要注意不能妨碍老师的视线。

很多老师常犯的毛病是什么呢？就是该多给空间的不多给，不该多给空间的，又给多了。最常见的是阅读区老师给的空间太多了，空间太多就暗示了孩子走动、打闹，这样不利于孩子安静阅读，实际上这个区的空间不需要太大。

另外一个是美工区，美工区需要的空间大，但很多老师给的空间不够，六人桌上孩子们的纸往往叠在一块，互相干扰、影响，建议美工区的六人桌最多坐四个孩子。还有“娃娃家”，有时候一个“娃娃家”给的空间太大了，孩子们就会互相干扰，特别是小班，建议多设几个“娃娃家”，区和区之间互不干扰，这样就比在一个

大区里面摆很多材料好用。应该这样理解，布局可以区中有区，也可以有多种同样的区出现。

总的来讲，安静的区和吵闹的区要分开。按照国外的说法，美工区要靠近水源，但我国幼儿园用水彩的机会不多，因为进美工区活动的时间不长，而用水彩的时间太长，所以一般水彩放在美工室而非美工区，美工区更多还是干的材料，靠不靠近水源关系不大。

除了水源，光源也很重要，应尽量采用自然光，阅读区和美工区都很需要光线，必须注意。

七、布置区域有什么要求

区域布置最重要的是要符合目标要求，比如在角色区就必须有情境，一个只有材料的区域和一个墙壁上贴有家人的照片、放着窗纱的区域，对孩子的暗示效果完全不一样。所以在布置区域时，要根据不同区域的要求，通过环境的布置创设情境。

怎么理解暗示的作用呢？比如刚才说的“娃娃家”、“角色区”就需要有情景的暗示，设计的是警察局的，就要有警察局的情景，让孩子一进去就有这种感觉，想让孩子在建构区里搭建东西，就需要搭建的照片范本等环境，对他们有所暗示。

除了情景的暗示，环境布置还要起到教育作用。例如，“语言区”就可以设计一些让孩子有话可说的情景，什么是说话情景呢？比如我们贴一块KT板，板上面写着“看一看、说一说”，后面有一个透明塑料袋，让孩子更换不同的卡，这些卡可以是“看一看、说一说我喜欢的”，“看一看、说一说我不喜欢的”，或者是“看一看、说一说是什么颜色的”，旁边地面上可以设一个圆点，这个圆点是给讲话的人站的，正对面可以有两条线给听的人坐，这样的“语言区”环境布置就产生了教育功能，站在圆点的人是讲的，在横线上的人是听的，区分了谁听、谁讲的身份，就能培养孩子倾听的习惯。同时，在讲的过程中，孩子可以按照环境指示，按照要求讲，促进语言能力发展。

环境布置在益智区里也有另外一种作用，比如说环境布置要求孩子坐的时候是面对墙壁的，这样孩子的封闭性就强。环境布置也可以运用在座位的暗示上，如孩子拿了一套玩具，玩具标志是有圆点的，那么就要坐到六人桌有圆点的位置玩。

八、材料和玩具有什么不同，投放材料需要注意什么

材料和玩具有很大的区别，材料是玩具经过老师的“教育加工”而来的。“教育加工”的意思是老师根据孩子的发展需要，把买回来的玩具或简易材料（旧报纸等）通过选择、加工、组合成为区域材料。“教育加工”可以简单到只是把一大包雪花片分为五片一小框，也可以复杂到自制玩具、工作纸（对孩子提要求的纸）。不管简单还是复杂，老师投放的是经过教育加工的材料，而不只是一些买回来的玩具。

不管是什么区域，投放的材料有一个共同的要求，即分类清楚、摆放整齐。每一种材料放在什么位置必须有清楚的标识，孩子在进区之前必须知道怎么取拿材料，才能使用这个区域。

每一个区域的材料投放也有不同的要求，不同年龄段的同一种区域也不一样。基本原则是从少到多，从易到难，从开放到封闭。

从少到多，即数量和品种方面由少到多，第一个是数量，比如雪花片刚刚投放的时候，每个小班孩子可能只给十片左右的一筐雪花片，但到了大班后，雪花片的数量就可以增多。同样的，在品种方面也一样，小班时拼插类的东西只投放一两种，重复的比较多，但到了大班，投放品种越来越多，重复性则相对要小。

从易到难就是复杂性、难度由低到高，比如说拼图，小班可能是十八块的拼图，而大班是几十块或上百块的拼图。

复杂性还体现在情境方面，同样在“娃娃家”、“角色区”，小班就是家庭环境，进行妈妈给娃娃喂奶等活动，到了大班就可以设计很复杂的活动，如孩子要到银行取钱，然后去超市买东西，回家做饭、接待客人等。

从开放到封闭是指材料的目的性方面，小班相对多用开放的材料，没有太多单一的要求，让他们自己寻找最近发展区。到大班，就可以增加知识性的内容，如数学、数量、符号等有标准要求的材料。

九、具体来说，各个区域的材料投放都有什么特点

美工区的秘诀是投放大量可供孩子自选的材料，举个例子，如果我们投放的都是A4纸，孩子做出来的效果就比较单一。要是我们把A4纸横裁、对角裁，一张纸变成两张不同形状的，让孩子有选择地、在不同规格的纸上来画，这样出来的效果就会更好。依此类推，可提供纸筒、塑料瓶等材料，让孩子在不同材料上画画，美工区的变化就多了。

美工区还有一个可以延伸的地方，就是采用再加工方法，完成了一个手工作品、画了一幅画，展示后再拿下来添画、粘贴，做二次加工，这样有利于孩子经验的延续性建构，而且作品的美观性也会提高。美工区出来的作品应该运用到其他区域的环境布置上，或者拿来作为操作材料。美工区孩子的作品可以放到益智区里用于分类、排序，可以用到语言区的讲述活动上，也可以通过手工、绘画等制作角色区需要的材料，画出来的东西也能用来布置建构区。

作为老师，你可以把美工区想象成一个加工厂，对孩子来说，美工区的意义就是在里面自由创造，不断将经验用自身的想法实践出来，以及参考其他孩子的作品再建构。美工区必须有一个版面可以让孩子学习其他孩子的作品。版面可以是“看一看、学一学”，上面贴着不同孩子的作品，老师引导孩子分析这些作品，比如颜色、布局、构图、形状，分析它用的是粗线条还是细线条等。孩子通过吸收其他孩子作品的信息，以作品作为载体，学习别人的思维。美工区里展示出来的可以不只是自己班里的作品，还可以是混班的，这样可以丰富孩子不同风格、不同特点作品的经验。

建构区投放的材料应该是大的积木块，最好是木头积木。积木有不同的形状，如半圆形、拱形、不规则形等，如果没有这种积木，老师可以自己做，用塑料瓶、易拉罐或者小纸盒，用透明胶贴好就可以了。

投放材料的时候，就算是一整套买来的有很多不同形状的积木，也必须经过简单或复杂的教育加工才能变成区域材料。老师给小班的应该是形状简单、很容易操作的积木，到中、大班时，不规则积木也可以投放进去。老师对一个区域的调控，基本上是通过材料的投放、情境的布置、活动的要求和孩子的组合来实现的。

小、中、大班建构区投放的材料有所不同，即大积木块和形状一样的积木块对于小班孩子来说比较合适，但对于大班来说块就太容易了，这时候就可以增加一些不规则形状的积木，类似俄罗斯方块游戏一样，有一些是容易的方块，还有一些是难度很高的方块。老师可以自制一些材料，在小班时多做长方形、正方形的，到了大班就可以做不同组合、不同形状的，甚至可以把易拉罐和小纸盒用透明胶粘成不规则的大块积木。

很多时候老师会把小的、拼插的材料投放在建构区，这是不对的，建构区应以大的为主，小的为辅，大班可以把角色模型，如小车、恐龙放进去，可以通过老师的要求，把完全是自由的低结构活动，调整成一个相对高结构的活动，比如可以让孩子搭建幼儿园门口的那条路，这样目的性就强了。但目的性强是有要求的，要发挥孩子的自主性，不能完全由老师提要求。

语言区可以看做是孩子吸收信息、应用语言的区域。小班主要是享受阅读图书的乐趣，到了大班可以通过阅读图书，查找资料，解决问题。语言区还有一种是表演区，表演区主要是消化学到的知识，表现表达出自己理解的东西。

美工区、建构区和语言区有一个共同点，即让孩子通过不同手段重新表现、表达自己的想法，如通过语言搭积木、空间建构、绘画或手工制作表现表达自己的想法等，并在这个过程中学习表现、表达的技巧。

益智区就是让孩子吸收知识，丰富经验。孩子在区域活动时，可以通过特定的材料学习知识，比如老师通过一次集体活动教孩子玩 5 的分解组成游戏，然后让孩子在区域活动中通过游戏巩固学到的新知识。

以上就是每个区域材料投放的特点。

十、区域开放前应怎么准备，区域活动后应怎么安排

在活动室布置好区域以后，可以有一个预备周。

区域的准备工作包括区域的布局、材料投放、情境设计，还要制定进区的规则，进区的规则中最重要的是要让孩子知道进区的人数。控制人数的方法有很多种，需要脱鞋的区域就用小脚印，在区域外面贴一些小脚印，全摆满了鞋子就表示不能再进人。也可以用进区卡，一个孩子发一张进区卡，如果这个区只能进三个孩子，就只有三个袋子插进区卡，也可以用包装盒贴在门口，如果三个都插满了，就不能进去了。也有一些老师用绳子串一个吊牌让孩子挂在脖子上，这种方法我不赞成，因

为绳子容易出意外，缠在一块也很难处理。到了大班可以给孩子记录卡，每一周规定要去哪些区，这样可以记录孩子每周进区的情况。

然后就是预备周，预备周主要是让孩子熟悉进区的规则，尝试进区。如果是小班，就可以分组，让孩子练习进区的规则，也可以用一次集体活动进行模拟。通过一周的演练，孩子们熟悉了进区的规则，知道怎么运用区域，就可以使用区域了。

在使用区域的时候，有几点要注意：老师一般可以在晨谈时间告诉孩子区域有什么新要求，放了什么新材料，该怎么玩，或者今天有什么特殊情况要注意。在区域活动结束时，老师应把孩子集中起来分享区域活动中有价值的作品，或者有价值的经验，老师借机表扬一些孩子的行为或作品。

十一、如何在课程中有效应用区域，老师在区域中应担当什么角色

区域活动是一种工具，能够从多方面与不同的课程相结合。但是不要把区域活动变成分科教育，有些老师会把区域活动当作独立的活动，这样不能发挥区域活动的最大功用，应该尽量把区域活动与主题或者学科活动相结合。

一般来讲，我们会把区域分为两种，一种是自学区，自学区就是必须进去完成一些内容的，自选区则是孩子可以根据兴趣加以选择，不一定要进去的。自学区可以作为学科活动的复习和延伸。例如，星期一孩子在集体活动学习了数学，然后周二、周三、周四分批进入区域，运用材料，迁移经验，以达到复习的目的，或者是一些社会活动内容通过角色游戏复习，老师也可以把区域作为一个小组活动的地方，老师在益智区里进行数学教学。

区域里要有一个老师负责巡逻，这个老师的角色不是直接指导孩子，主要是看孩子需要什么帮助，过去帮一帮立即回到岗位。就像一个探照灯一样，不断巡视，看到有需要的就过去帮一帮，帮助提供材料，或者做示范给孩子看。这个老师不应该在某一个孩子身上花很多时间，否则就无法照顾到所有孩子的需要。

假如某一个区是特定教学的，就需要一个老师在里面专门教孩子，利用区域做小组学习。要是管理不过来，在应用区域时也可以相对灵活一些，老师不一定要把所有区域都开放，可以只开放部分有价值的区域。

十二、孩子不进区怎么办，孩子太多、空间太小怎么办

要是一些孩子不喜欢进某个区或不喜欢换区，怎么处理呢？首先要找出原因，孩子可能在某一个区受了挫折，不喜欢进去，比如他可能在美工区得到表扬，在建构区受到了挫折，所以就更倾向于美工区活动。幼儿园追求的是全面发展，老师可以利用孩子的美工能力，引导他去建构区。比如首先引导他到建构区画建构区的作品，然后引导他先调整建构区的东西，然后再画，慢慢引发和提高他对建构区的兴趣。简单来讲就是找出原因，因势利导，目的还是希望孩子进入所有区，全面发展。

空间不够或者班里孩子很多要不要用区域呢？有一些班差不多有五、六十个孩子，满屋子都是桌子，没有空间摆区域，这样的话需不需要摆区域呢？我的意见是不管孩子有多少，空间有多大，都要尽量设置区域，只是区域的理解不一定像传统那样用玩具柜隔开成几个固定的空间。可以有一些变化，比如说桌子平时是吃饭、上集体活动的，到区域开放的时候，可以通过桌子的位置变换打造不同的区域。比如在桌子贴上标志加以区分，这个桌子是美工区，那个桌子是益智区，让孩子拿着材料到桌子上玩。也可以利用桌子作为隔断，比如集体活动结束之后，让孩子坐在靠墙的地面，桌子变成隔断。这些都是可以参考的经验。

第四章

原来环境布置是很好的教育工具

“孩子能够做的就让孩子做”，环境布置不再是工作负担！

大部分老师都不喜欢做环境布置，觉得又累又没价值。我的理念是“尽量把老师的工作转化为孩子的学习任务”，从另外的角度看环境布置，把它当作老师的教育工具、孩子的学习任务，这样就把原来价值不大的工作，变成了老师的好帮手。

一、利用环境布置减轻工作负担，首先要了解什么是环境布置

刚进幼儿园的孩子是第一次离开家庭，所以必须对幼儿园活动室进行加工，让小班孩子觉得这个地方跟家里差不多，从而建立心理安全感，解除他们到新环境心理不安的情感困扰。老师可以在墙壁粘贴温馨可爱的卡通形象装饰品。幼儿园进行集体活动的时间不多，所以在其他时间段，老师需要通过环境教育孩子，如利用装饰品促进孩子的交流，或者通过作品展示让孩子向其他孩子学习，我们把这些装饰工作都称之为环境布置。除了平面的环境布置，还有立体的，简单的立体环境布置可以是悬挂孩子的作品，既可以当作区域的屏隔，也可以作为装饰。复杂的可以根据主题需要而进行，如制作一棵环保树等。

老师应该把环境布置看做一种工具，通过这个工具减轻老师的工作负担，提高教育效益。很多老师把环境布置看成是一项艰巨的任务，只是为了“美化”（按成人的标准）环境而做，这样不仅对工作没有帮助，还浪费了时间和资源。

二、还要知道利用环境布置能够起到什么作用

（一）能够创造情境

活动室如果是空的，什么都没有，只是一个冷冰冰的空间，孩子会觉得这个地方很陌生。假如这个环境里有一些孩子认识的卡通人物、小动物，或者有家里的照片所创造的情境，孩子就会觉得这个地方没有那么陌生，没有那么可怕。除了让孩子感到心理安全外，情境在区域活动、主题课程，甚至生活教育中都能起到很重要

作用。例如，在区域活动里的角色区、建构区和表演区就必须有一些情境，这些情境能够让孩子产生联想，更容易生成游戏活动。在主题课程里创造的主题墙情境能对课程发展起到记录、深化的作用，这些情境能够让孩子和老师对主题产生联想，从而达到深化的效果。而生活中的情境则能够对孩子起到提醒的作用，如洗手的照片就能够提醒孩子认真洗手。

（二）产生教育功能

教育功能有两种，第一种是直接的教育功能，即环境中的装饰物直接能够产生教育作用，孩子通过看、摸、操作就能够学到一些知识，或者得到一些经验。这些环境可以是孩子被动接受型，或者是孩子与环境互动型的，如在洗手池旁边粘贴洗手步骤的照片就是被动接受型，这样的环境就可以传递信息，起到直接教育孩子的功能，而在区域入口记录人数的小脚印就是孩子和环境互动型，孩子通过操作得到记录的经验。第二种是间接的教育功能，即在孩子参与布置环境的过程中产生教育功能，孩子在这个过程中需要思考或锻炼，从而得到有价值的经验。例如布置粘贴生活照片的版面，老师把版面分成三块，一块是粘贴与郊外活动有关的，一块是粘贴与市区活动有关的，一块是其他类，孩子要把自己带回来的照片分类粘贴在正确的版面上，孩子在贴的过程中就锻炼了分类的能力。

（三）展示主题课程成果

把主题的发展过程体现在环境中，环境展示主题的最终成果。在主题发展过程中，不断制作、更新，最后打造成一个主题环境。这种做法需要让孩子承担中远期任务，孩子需要详细地计划、系统地思考，这样就锻炼了高层次计划和思考的能力。另一方面，由于孩子的大部分活动内容都是围绕一个任务，内容和经验的相关性就相对提高，于是孩子的学习经验就能够更有效地建构。

后面我们会详细说明这三种模式的实施方法。

三、接着学习环境布置要遵循的几个原则

（一）高度的原则

孩子视线的高度，我们叫做环境的黄金高度，因为这个高度的东西能让孩子“立即看到并产生联想”。所以，这个高度上的环境布置的对象主要是孩子，老师可以在这个高度上下延伸，下到地面，上到孩子的手能够到的高度，一般是 1.5 米左

右。1.5 米以上的环境布置的对象就是成人，如家长或老师。

（二）先功能后美观的原则

即首先考虑环境的功能，再考虑美观。现在很多老师的做法是只考虑美观，而不考虑功能。当然美观也可以是一种功能，但也应该是需要美观的功能才行。这是次序的问题，就跟虽然是凉的茶水，但也要先用开水泡茶后再放凉，而不是用凉水去泡茶的道理一样。

（三）过程比结果重要的原则

环境布置的过程应该比结果重要，应该把环境布置的过程作为教育的过程，尽量让孩子参与。孩子能做的就让孩子做，就算是小班孩子也可以自选位置，老师提供材料让孩子自己粘贴；而中大班的甚至可以参与环境设计，孩子在老师的引导下思考每一个版面的功能，计划版面该如何装饰，内容该如何制作等。孩子参与环境布置不但能提高学习积极性，而且能锻炼独立思考能力，而这些能力是没法通过老师的说教得到的，只有在大量的动手过程中才能够锻炼出来。

老师还可以这样理解环境布置的原则，把活动室当作是美术馆，老师是美术馆的馆长，任务只是为孩子准备展示的版面，最终应该是绝大部分环境展示的都是孩子的作品。有两点要注意，第一，在功能上各个版面要有整体性，就像美术馆里划分不同的主题区，同一个主题里的作品也是相互呼应，以不同的角度、模式讲述同一主题的内容；第二，版面的设计、布局也要体现整体性的效果，即除了把版面设计得美观之外，还要在颜色、形状等基本元素上有统一的风格。

四、掌握环境布置的基本步骤

根据我的经验，最有效的环境布置步骤是这样的。

首先，老师根据活动室墙面的特点规划出版面的大小和形状，然后根据这些墙面的位置确定阅看对象，例如门口比较高的位置比较适合家长，美术区的墙面就比较适合在美术区活动的孩子。

接着，老师要根据工作需要或课程需要规划每一个版面的目的，根据其位置特点设计功能，比如说洗手池附近的墙面布置直接传递正确洗手步骤的环境就比较合理。在语言区里，理所当然是跟语言发展有关的环境。

规划了环境布置的功能后，老师就要设计版面的两个基本元素。首先是考虑展板的布局，布局包括了展板的形状和摆设的位置，虽然展板基本上都是由几何形状组成的，但最后的构图好不好看，就要看老师的水平了。建议老师在生活中注意观察商场的布置，那些都是专业的设计，是很好的学习对象。设计了展板的布局后就是考虑材料，决定材料的主要元素就是预算，要求经济实惠的，可以用简单的KT板或者是大纸皮，要求效果高档一点的，就可以用水松板或泡沫板，甚至是有机玻璃或原木。

展板做好之后老师需要在板上设计标语口号、内容主题，这也能体现老师的水平，例如“食谱”就没有“过来看看孩子这周的营养餐”显得人性化。当然也可以让孩子设计和制作标语。

完成整个版面的制作后，就要考虑版面内容的来源了，即里面的内容由谁制作，由谁粘贴。内容可以老师制作，也可以让孩子参与，或者是两者结合。但是必须根据实际情况来设计，比如说学洗手的，老师就可把孩子洗手的步骤拍成连续的照片，而语言区里的环境布置则可以让孩子选择自己的作品作为谈话的内容。

最后一步是很多老师容易忽视的，那就是考虑负责维护的人及维护、更新的时间。不同的环境有不同的更新要求，老师把要求确定后，可以在版面的边上写上负责人是谁，多久更新一次。负责人可以是孩子，或者是某一个老师，甚至是家长；更新的安排可以是一天更新一次、一周更新一次，或者是一个月更新一次。这样环境布置基本就完成了。

五、学会利用环境布置创造情境

活动室需要利用环境布置来创造情境，对小班来说，创造情境是为了让孩子能够感受到温馨安全，所以选择的颜色应该是粉色的，不能用大红大绿（我认为全园应该避免采用大红大绿），因为这些颜色容易让孩子兴奋。内容一般是孩子熟悉的卡通人物，也可以选用孩子的家庭照片，这样老师只要做一些童趣的相框就可以了。对中大班的孩子来说，创造情境的目的更多是希望孩子通过这些情境能够联想与课程相关的内容和经验，所以内容可以是与课程相关的，假如采用的是主题课程，情境的内容就可以是与主题有关的，例如主题是“寻找春天”，情境就可以是利用捡回来的树叶制作的枝叶茂盛的大树。最理想的环境布置版面是既有情境，同时又能够通过这些情境引发孩子们的学习。

环境布置产生的情境除了为整个活动室创造气氛外，还能够在区域里让孩子产生联想，甚至可以引导孩子发展的方向。例如在“娃娃家”利用超市的促销海报创设的情境，就能引导孩子往促销的方向发展，在建构区摆放摩天大厦照片就能够让孩子往建构高楼上发展。

老师创造情境时应该尽量利用现成的物品，减少不必要的劳动。例如可以用杂志、旧书本里面的照片，或者是幼儿园的童书，也可以用孩子的作品及照片创造情境。平时老师要有意识地收集这些素材，用文件夹按一般常用的分类，如节假日，四季等，妥善保存起来。

六、学会利用环境布置产生直接教育功能

直接教育功能基本上就是传递信息，第一种是展示式的传递信息，就是在版面上直截了当地展示内容，比如展示洗手照片就可以提醒及指导孩子洗手。第二种是通告式的，告诉家长或孩子有什么事情要注意，例如有流感，要求家长配合等。如果对象是家长，通告内容应该以文字为主。通告是有时间性的，一般在右下角写上张贴及取下的日期，家长就会更加关注通告。第三种是感谢式的，比较婉转，主要是通过感谢促进家长参与的积极性。例如设计一块感恩版，定期粘贴孩子制作的感谢海报，受到感谢的家长就会更积极，没有被感谢的也可能会因此而改变态度。第四种是记录式的，版面围绕一个内容，定期更新信息。这种方式的特点是能够看到过去的记录，例如身高体重记录版。也可以把两种物品放在一起做对比，例如不同环境生长的植物。我比较喜欢用这种方式展示孩子的发展情况给家长看。最后一种是作品展示式，目的就是以作品为载体，让孩子、成人通过作品间接学习。作品可以是不同孩子的作品，也可以是名家的作品。例如美术区的“看一看，学一学”版面。假如老师有用背景音乐的习惯，还可以把“环境”提升到声音的层面。作品展示式还有引导孩子自学的功能，例如把折纸的每一个步骤以实物形式展示给孩子，这样孩子就容易理解，便于自学。我还曾经做过“自己评价自己贴”的环境布置，做一块展板，让孩子每天自己评价自己的美术作品，如果觉得有学习价值的就贴上去，然后在餐前活动讲述原因，以此培养孩子的自评习惯和能力。

以上的方法除了对老师的工作起到直接的效益外，孩子也可从中积累宝贵的经验，既有管理上的环境布置的科学方法，又有数学上的统计记录方法，还有情感上的感恩，而且还培养了通过作品学习的习惯。这些都是受用一生的素质。

七、学会利用环境布置产生间接教育功能

所谓间接的教育功能，就是让孩子在参与布置环境的过程中所产生的教育功能，在这个过程中孩子需要一定的思考或锻炼，从而得到有价值的经验。我把产生间接教育功能的方法归纳为：分类法、配对法、描述法、找关系法和操作法。我用分类法为例，详细讲解，其他的就作简单介绍。这些方法最有价值的地方是老师只要改变一下要求，就可以不断利用同样的版面和素材丰富孩子的经验，而且老师会很省事。例如运用分类方法时，老师只要改变分类要求，同样的版面和素材就可以锻炼多种分类能力。

（一）分类法

分类法即孩子需要按照要求把作品或收集回来的物品粘贴在墙面的分类版面，在此过程中锻炼分类能力。分类法分为：

1.矩阵分类。想象版面是一个大的“田”字，“田”字有四格，每一格都有不同的分类要求，比如孩子拿了一些照片回来，可以要求孩子在“田”字左上角的空格粘贴跟体育活动有关的，右上角的空格粘贴跟情绪有关的，左下角的空格粘贴跟家人一起的，右下角的空格粘贴其他的照片。孩子在粘贴的过程中需要不断地思考，于是思维就得到了锻炼。

2.多级式分类。想象两个环形有部分重叠在一块，叠在一起的是共性区。老师可以提要求，比如一个环是代表红色，另一个环是代表三角形，既是红色又是三角形的就贴在中间重叠部分，这样孩子就学习了两级分类。对一些能力强的孩子，还可以增加到三个环，将提高难度到三级分类。

3.统计式分类。老师引导孩子利用线条统计方法做记录，以时间做分类。例如记录现在有几个好朋友，过了几个月以后又有几个好朋友等。这种方式的特点是有时间的延续性，只要做好设计，可以用很长的时间。

4.随机式分类。老师随意拿一些物品，让小朋友选用自己喜欢的分类方法分类。这种方式的优点是孩子之间能够互相学习分类的方法。

（二）配对法

配对法是孩子根据版面的要求，把材料和问题配对或者把材料和材料配对。配对法可以很简单，例如把杂志的照片剪下来，再把每一张剪成两半，然后在墙壁上

贴上透明塑料袋，上面的边不封口，孩子把这些照片正确配对，插在透明塑料袋里。配对法也可以应用到知识复习环节上，例如把数学题目贴在墙壁，孩子以小组的形式互相讨论，找出正确答案贴在问题后边，完成后再跟老师提供的答案核对。

（三）描述法

顾名思义，描述法是让孩子描述版面的内容，描述法的关键是讲什么和怎样讲。选择描述的图片的信息量要丰富，即可提供讲述的内容多。图片可以是现成的海报，也可以是孩子的作品。老师可以根据孩子的水平提出要求，例如"说一说，看到了什么"，"猜一猜，为什么图片里有一只小鸟"，"想一想，要是你来设计图片，会有什么不同"。描述法还有一个要点，就是要为讲述的人设计一个指定位置，而听众在另一个位置，这样分清楚角色，孩子才不会抢着说话，才能逐渐养成良好的倾听和说话的习惯。

（四）找关系法

找关系法就是让孩子找出材料之间的关系，例如老师在墙壁上贴上孩子的照片，然后提供一些棉线和夹子，孩子用棉线和夹子做配对，如把好朋友连接起来等。老师还可以用不同颜色的棉线代表不同的配对要求，这样就可以增加游戏的难度。

（五）操作法

操作法就是让孩子操作。例如，笔顺练习，孩子在墙壁上贴的海报上用手指模拟笔顺练习；绑绳结，孩子在柱子或栏杆上绑绳结练习小肌肉；剪剪贴贴，孩子把旧杂志的图片剪下，然后贴在墙壁的背景上；自画像，对着镜子画自己；心情告白，用不同表情的脸谱贴出今天的心情；天气报告，利用版面的活动材料报告天气，让孩子注意有价值的信息等。

以上的方法只是我个人的经验，聪明的老师可以尝试设计更多利用环境布置产生间接教育功能的方法。

八、环境布置时该注意什么元素才会美观，怎样才能系统地利用环境布置（备课）

怎样才能把班里的环境做得漂亮呢？

（一）设计颜色时要有主色概念

我在很多时候看到老师运用颜色时没有主色的概念，就像一个人穿着红色带花的上衣，再配上蓝色的腰带。绿色带图案的裙子，这样就没有主色，就很乱。班里的颜色也是同样的道理，不能杂乱，一杂乱就不好看，每个班都要找到自己的主色调，在做板块时就要以主色调为主。除非建材的主色调是白色，否则决定主色调的是建材的颜色，如墙面、地板或瓷片的颜色。如果建材的主色调是白色，老师就可以自己决定主色调。主色调即活动室一半以上都用同一色系，如果蓝色是主色，就要62%左右是蓝色（62%大概就是黄金分割比例），剩下的可以用绿色或黄色。一般幼儿园都是用主色的邻近色作为搭配的颜色，即色谱上主色旁边的颜色，而很少用强烈对比的颜色。当然，美术室或功能室可以用大胆的对比设计。活动室里只要有了主色调，整个感觉就会不一样。

（二）善用有变化的形状组合设计美感

想象一下在同样一面长方形墙壁上，以下这三种展板设计会带给你什么不同的感觉。第一，只有一大块长方形展板在墙壁上；第二，墙壁中间一块稍大的长方形展板，两侧各一小块正方形展板；第三，墙壁上是三块长方形组成的展板，最高一块靠左边，中间一块分中，下边一块靠右边，形成一个矩形。虽然都是用几何形状设计的展板，这三种设计产生的效果就很不一样，所以美感就是“在规则里产生变化”。

同样的道理，提供给孩子制作的纸张如果有变化，出来的效果也会不同。例如，把传统的A4纸对边、对角裁开，于是孩子可以选择不同形状的纸张来作画，这样产生的效果就会与单一的长方形有所不同。当然老师还可以提供其他材料给孩子，例如纸筒、报纸等。有了形状的变化，环境就活起来了！

（三）“三分画，七分裱”，装裱很重要

俗语说“三分画，七分裱”，强调的是作品装裱的重要性。装裱除了能使孩子的作品增添风采，还能让孩子感受到作品得到了重视，同时对作品的保护保存也能起到一定的作用，所以装裱孩子作品的工作要认真对待，如果想省事，可以做活动的装裱板，然后重复使用。装裱有两种模式，即平面装裱和立体装裱，平面装裱的秘诀主要是装裱作品的边框的设计，框边基本元素是宽度、形状和颜色的变化组合。例如宽一点的边，宽窄不一的边，或者是在边上用花纹剪刀剪出花纹等都是不错的变化。现在还有专用的打孔机可以在框边上打一些图案，也可以贴一些贴纸美化框边。

立体装裱就是把作品贴在立体的物品上，例如纸盒的六面，然后用这些纸盒堆高组成一棵树，或者是把作品卷成圆条，然后串联起来。和平面装裱不同的是，观赏立体装裱的人需要调整角度才能够看到完整的内容，观赏者需要停留更久。

这些都好办，但有的老师会嫌费事，觉得没时间做。还是那句话，“尽量把老师的工作转化为孩子的学习任务”，把作品装裱变成孩子的美术活动就一举两得了。

最后提醒老师，不管什么时候，包括学期结束了，老师手里应该保存很多孩子的作品。因为新学期刚开始做了展板后，里面没东西、没作品，空空的就不好看，如果老师手里有一些孩子的作品或者是大幅的照片，就很容易把环境布置好，等孩子的新作品出来后再做更换。

要把环境布置的教育功能和美感结合起来，就要知道如何系统地运用环境布置，我的方法是把环境布置作为备课的一部分。就是备课时，把环境布置的变化和调整的内容，还有调整的目的也作为备课的一部分。以下就是环境布置备课的案例。

主题活动环境布置备课表格

中四班《多彩的季节》

活动名称	相应的环境布置调整内容	环境布置调整的目的
周末亲子活动： 请家长带着孩子去户外寻找春天，活动后填写记录表格	在墙面展示亲子活动的记录表格	通过比较孩子之间的记录引发孩子之间有关寻找春天的交流与讨论。
手工活动： 制作桃花、柳条、迎春花	在墙角展示孩子制作的桃花、柳条、迎春花	1. 创造春天的情境，为以后活动做准备。 2. 对比展示利用不同的材质表现同一物体的效果。 3. 对比展示利用相同材质的不同表现的效果。
数学活动： 相邻数	墙面上设计一个让孩子把用废旧材料制作的花贴在相邻数的表格上，按照要求排列的版面	1. 感受平面与立体表现同一物体所带来的不一样的效果。 2. 利用不同的材料复习相邻数之间的关系。
数学活动： 春天的动物	把美工活动中制作的蝴蝶、蜜蜂、小鸟用不同的排序规律悬挂出来，并加上标识	1. 了解不同的排序规律。 2. 感知正数与倒数。
科学活动： 春天到夏天的变化	把制作的小蝌蚪和青蛙放在孩子绘画的春季和夏季的池塘中	1. 创设角色游戏的环境。 2. 同种材料、不同做法表现同一物体的效果。 3. 通过对比感受季节转变时事物的变化。

九、环境布置的至高境界：在主题课程实践中运用环境布置

大概十多年前国内刚刚尝试主题课程，我到幼儿园指导时发现老师很忙，每一次活动后都要把相关的成果呈现出来，还要设计下次和主题有关的活动。我就想，这些工作能否合并成一件事来做？经过了几年的实验，我把主题的活动过程、成果展示和环境布置结合起来，我们称之为“主题动态环境布置”。把这种环境布置的模式冠以“动态”是因为传统的环境布置很少考虑到环境布置调整环节的教育效益。“调整”便是“动”，教育环境需要不断调整。但我们想强调的是我们应该多思考环境布置的调整过程，即为什么调整，如何调整，调整什么，谁来调整，还有如何与主题课程结合。所以我们把它称为“主题动态环境布置”。这种方法是建立在这一章前面的基础之上的，进一步利用主题的生成作为环境布置的内容。

“主题动态环境布置”的操作主要是以下这两个步骤的不断螺旋上升。步骤一，老师把环境布置作为主题课程的任务，孩子在主题活动中的任务就是随着主题的生成、变化，不断调整环境。也可以说，孩子在进行每一次活动时，都有环境布置的任务，需要通过动手动脑把活动的结果呈现在环境里。步骤二，引导孩子和环境发生互动，在这些互动中生成新的内容，环境就好像故事书，记录主题活动的过程。例如在“恐龙”主题里，首先老师协助孩子在墙壁的大纸张上勾画不同种类的恐龙的线条，经过深入讨论食草和食肉恐龙的区别后（可能是好几天后），孩子用鸡蛋壳作食草恐龙的皮肤，用干树叶作食肉恐龙的皮肤，于是环境就随着主题活动的发展而变化。例如在“叶子”的主题，孩子利用捡回来的树叶布置环境，第二天孩子发现树叶都干枯缩成一团了，于是老师引导孩子讨论，研究叶子和周围环境的关系，然后生成相关的活动，这些活动又会进一步深化环境，环境发生的变化又会和孩子产生新的互动。于是环境的变化和孩子的活动就结合起来，不断螺旋上升。

具体的操作是根据主题设计情境，同时预想主题环境布置的内容。选择了主题后，老师就要根据主题，设计活动室环境的情境，所谓情境就是大的背景，例如“蓝天”。一个主题还可以生成不一样的情境，例如同样的“花”的主题，可以以花的品种为主线，研究各种品种的不同特征，也可以以花的生存条件为主线，探讨花的朋友。

然后就是预想环境布置内容，思考从情境可能生成的内容，这些预想到最后不

一定都会用到，但没有做好这项工作，老师的随机性就很可能不足以应付孩子的需要。随机教育的能力其实就是经过大量的假设、预想，在实践中锻炼出来的。老师在设计主题时首先就要思考粗略的布置内容。例如，“蓝天”情境可以生成白云、太阳等内容。白云可以再生成飞鸟、乌云。乌云又可扩展出狂风暴雨，飞鸟变成躲避风雨的鸟。“树干”情境可生成树枝、树叶、树叶上的蜗牛和被蜗牛咬了的洞洞等。“网”则可从蜘蛛网延伸到大树的网络，再延伸到小区的道路网和住宅的下水道网等。

接下来，老师要在教育活动之前，预想环境布置可能生成的细节，如白云的形状、颜色，太阳的位置、颜色、大小等。树干的手感、枝叶的颜色及分布、蜗牛壳的纹路图案、蜘蛛网的图案和道路网的布局等。要注意的是，粗略的布置内容和细节的布置内容不同在于，一个粗略的布置内容可以是很多个不同的细节环境布置组成的，例如一个蓝天、白云的情境可以由多朵不同形状、颜色的白云组成。老师可以使用情境扩散图帮助思考。基本上是思考得越多越好，越细越好。但必须明白，这些预想的内容不是要教给幼儿的，而只是老师与幼儿互动的准备工作。

最后就是利用环境布置生成活动内容，主题动态环境布置的一个特色是在环境布置中生成活动内容。生成活动的方法有，第一，把原来的环境细化，例如上文的恐龙皮肤；第二，在原来的环境中扩展情境，例如原来是蓝天、白云，因为下雨了，孩子就想到了在情境里扩展出乌云；第三，跨版面（情境）连接内容，例如一个情境是“大树”，另一个情境是“叶子世界”，老师就可以引导孩子把“叶子世界”的叶子和“大树”相结合；第四，环境布置变成操作材料，加工后再回归环境里，例如把环境中的作品取下来，让孩子用红色笔在画上增加一些细节，然后再粘贴回去；第五，幼儿作品、说话记录、活动照片相结合；第六，情境中的物品重新摆放，例如“好朋友”的情境里，好朋友之间的组合产生变化。

“主题动态环境布置”有这样几个好处，第一，培养孩子的任务意识。由于孩子需要带着任务进行活动，思维的缜密性就得到了锻炼。经过一段时间后，孩子就会习惯做事要有任务意识。第二，促进孩子经验和知识的建构。由于活动都是围绕直观的环境布置的内容，活动之间有很高的相关性和延续性，这两个特点有利于孩子经验和知识的建构。如上文的“叶子”，由于孩子看到叶子干枯而延伸的“叶子的生存条件”活动的意义就比单独的一次活动的意义要大，孩子也更容易理解。第三，提升老师工作的价值。由于活动的生成、环境布置等机械性的工作都变成了孩子的任务，老师的工作重点就可以更多地放在思考如何设计引导孩子的提问，思考如何设计更有价值的学习经验（例如在恐龙身上粘贴鸡蛋壳时，是让孩子单独做、还是合作地做）等，老师的工作价值就提高了，专业也成长了。

基于各种客观原因，老师不一定能够采用“主题动态环境布置”，但还是希望这部分内容能够让老师进一步学会利用环境布置，利用它在生活中创造一个真实的任务给孩子，让它成为每一个孩子都可以参与的工作，从而培养孩子的素质和能力。

第五章

作为教师，活动一定要做得漂亮

只要懂得评价教学活动的优劣，能灵活运用各种设计、组织活动的技巧，自然就能推陈出新，得心应手。

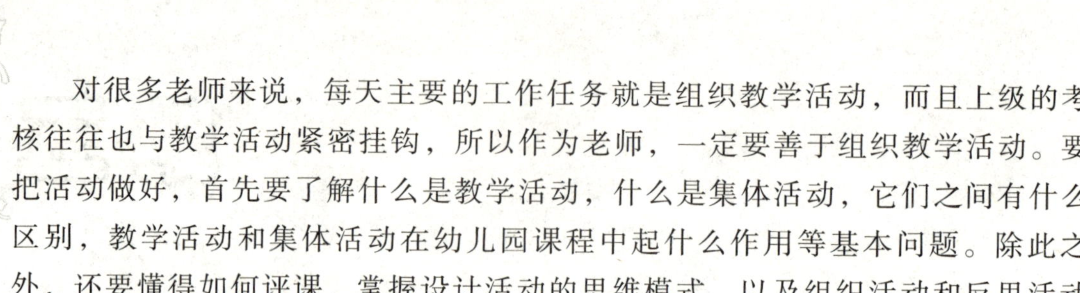

对很多老师来说，每天主要的工作任务就是组织教学活动，而且上级的考核往往也与教学活动紧密挂钩，所以作为老师，一定要善于组织教学活动。要把活动做好，首先要了解什么是教学活动，什么是集体活动，它们之间有什么区别，教学活动和集体活动在幼儿园课程中起什么作用等基本问题。除此之外，还要懂得如何评课，掌握设计活动的思维模式，以及组织活动和反思活动的方法。

一、首先了解幼儿园和小学的集体教学活动有哪些不同

幼儿园课程和小学课程最大的不同是小学基本上是一堂课接着一堂课，上课是学校主要的教学模式，所谓课就是同一学科里的内容之间有紧密的联系，教学目标很清楚，结构很严谨，而幼儿园则不一样，《幼儿园教育指导纲要（试行）》里并没有说幼儿园一定要上课，只是说可以通过组织集体活动体现教育。幼儿园的集体活动和小学的上课有很大的不同。当我们说集体活动时，更多是比较松散的、结构不是很严谨的活动。虽然集体活动也有目标，但是活动与活动之间的关系并不强。幼儿园课程里的应该更多的是集体活动，或者是稍微严谨的教学活动，而不是结构很严谨的上课模式，特别是小、中班，集体活动的目的更多的是让孩子在活动中感受到集体活动的快乐，使他们全面发展。

幼儿园和小学的一日活动安排不一样的地方就是要考虑一天里所有环节之间的连贯性，即一次教学活动在整体课程中承上启下的作用。在小学，基本上语文课就是语文课，上完语文课上数学课，每天不同的课与课之间是相对独立的。但是对幼儿园里的幼儿来说，要有效建构新的经验，一节课的时间肯定是不够的，因为传统的上课的方法只能传递二手知识。除了个人卫生、日常生活自理、自我保护等知识是对幼儿产生即时影响外，其他的二手知识都不是很急于要用到的。超前教育反而会影响孩子以后的学习兴趣，而且幼儿期的孩子更多是采用模仿学习，无法通过一堂课的过程来理解学习，所以这个时候的孩子需要的是大量经验铺垫，为他们以后的理解学习打下基础。由此，教师应更多地考虑教学活动如何能丰富孩子有价值的经验（当然同时要教育家长认同这种观念）。

要想教得好，老师必须对教学活动重新进行思考，传统的教学活动是以“一节课”作为教学活动的时间界定，每一节活动大约是20~30分钟。在教学活动的过程中，老师需要“教”孩子一些新知识或技能。

我认为以上的观念其实就是小学化的观念，幼儿园应该以生活教育为主，以区域活动和集体活动等为辅。不管是上课也好，集体活动也好，其实都是整体性课程中的一部分。

二、了解教学活动在幼儿园课程中的作用

要完成教育任务，不应该只是将上课作为单一的手段，应该用教学组合，这个组合中可以包括集体活动。传统的上课的方法只能传递二手知识，但要让幼儿有效建构新经验，一节课的时间是不够的。我认为比较合适的方式是把“教学”过程视为包含“提供经验”、“整合经验”和“发展新经验”三个环节的一个循环过程。传统的教学活动把这三个环节浓缩在一节课中，但实际上不同的内容需要不同的学习周期，有些内容需要让孩子有较长时间（几天或更长）的体验才容易整合。所以，对教学活动的正确理解是，教学活动只是承上启下的一个环节，并非单独的一节课，教师可以在其他环节为孩子提供经验，然后在教学活动中整合这些经验，之后让孩子在其他环节再创造发展新经验。例如，让父母带孩子在周末的生活环节中丰富了下周数学教学活动的相关经验后再上数学教学活动，老师将孩子生活中的经验作为教学活动的内容，整合成为数学的抽象符号，教学活动后让孩子在区域活动环节进一步运用老师传递的知识，进行更深入的经验建构。

我认为集体活动应该在周计划里起到一定的作用。为什么用“周”为单位，不用“月”、“天”呢？我认为根据中国幼儿园的特点来说，还是以周作为单位比较合理，一周能够承接上周的需要，布置周末的家庭活动，到新的一周就启动以教学活动传递知识，以区域活动锻炼能力，最后又回归到家庭周末的安排，迁移孩子过去一周的经验，然后又重复这样的循环。简单地说，集体教学活动在一周中的角色是辅助周目标。

在一周里，集体教学活动发挥什么作用呢？集体教学活动应该与其他环节是紧密相连的，比如老师要教孩子擦屁股，可能先让孩子在星期一早上的集体语言课谈大便，讨论大便对人类的益处等。为什么要谈大便呢？因为很多孩子都嫌大便脏，

第一天的谈话活动先让孩子在谈话中淡化对大便的恐惧感。

第二天的集体活动就可以让孩子练习擦大便的动作，孩子通过这个活动可以学习正确、统一的擦屁股动作。而周三、周四、周五就没必要针对这个内容开展集体活动了，可以让孩子把学到的知识用到生活中或区域活动中。这就是教学活动和一周活动之间的关系，也是和幼儿园课程相结合的一种思维方式。

三、掌握集体教学活动在课程实践中的独特价值

集体活动（或者小组活动）一个最大的特点就是效率高，可以快速地把大量信息传递给很多孩子，这一点老师必须牢牢记住。

第二个特点就是能够促进孩子与孩子之间的互动，让孩子教育孩子，孩子之间互相学习。

所以在上一堂课，或者是组织一个教学活动时，应该有效运用这两个特点，这样能够很快地传递信息给孩子减轻教育成本，利用孩子促进孩子的发展，孩子就能学习到多样化的经验。

有一次我去看一节英语课，外籍老师叫 Mary，这堂课的目标是教孩子理解“What's your name”。在这一堂课里，Mary 能够很有效地传递相关的知识给孩子，大部分孩子在活动结束时都学会了当 Mary 问“What's your name”时就要回答自己的名字。但当我问孩子“What's your name”时，很多原来会回答的孩子却不会回答了。因为孩子不知道 Mary 跟“What's your name”之间是独立的，没关系的。所以，换了另外一位老师，比如 Tim 问孩子“What's your name”，孩子就不会回答了。孩子只是学会了当 Mary 讲“What's your name”时他怎么回答。可当 Tim 问“What's your name”时，孩子就觉得跟刚才不一样了。其实孩子需要通过大量跟不同老师、不同孩子的互动，才能知道“What's your name”跟讲话的人是没关系的。通过大量的经验铺垫以后，孩子才能够真正了解语言、情境之间的复杂关系。

老师必须了解教学活动在整体课程中能够起到什么作用，我认为以下的教育任务还是必须通过上课形式的教学活动才能有效完成的。

第一，直接传递一些知识给孩子。老师利用集体活动教给孩子一些知识，例如火警时要打 119，过马路的规则等，总之老师觉得需要直接教授孩子知识的就可以采用教学活动来实现；

第二，系统性的学科教育。学科教育是一套完整的、从浅到深的教学系统，特别是数学和语文，这些学科教学是积累了各方面的智慧而成，其价值并非其他活动能够取代的。到了大班这种价值就更加重要，老师应该发挥课程之间结构严谨的价值，选择合适的教材。我个人觉得上世纪 70 年代国家统编、人民出版社出版的那套教材的专业水平是比较高的；

第三，帮助孩子整合经验。虽然我一直在强调将教育渗透于生活中，更多采用间接指导，但是当孩子得到了一些经验后，还是需要老师利用集体或小组教学活动帮助孩子整合经验。例如大班孩子和小班孩子一起生活后，觉得小班孩子没有礼貌，这些经验应该用什么角度去理解就需要老师引导整合。利用集体活动整合经验就是最有效的方法；

第四，传授孩子学习（游戏）的方法。利用集体活动教授孩子玩游戏的方法，比如下棋，或者是玩具的新玩法，授之以渔。传递方法给孩子自学，老师通过集体活动让孩子获得相关的学习方法，然后孩子在其他环节利用这些方法自学。比如说老师教孩子折纸的方法，孩子就学会了折纸的技能，然后运用这些知识折不同的作品。同样的内容，老师也可以变成是教孩子学会看及理解折纸书的内容，让孩子根据折纸书自学折纸；

第五，教导孩子运用区域材料工作纸（work sheet）的方法。工作纸是让孩子自学的有效教具，如两个简单的有部分重叠的圆圈就可以作为分类表格来用，可以一个圈代表红色，另一个圈代表圆形，然后给孩子提供不同颜色和形状的积木，孩子就可以摆放在相对的位置。只要教孩子学会使用这种设计，孩子就可以自己进行学习活动。老师只需要调整分类的材料和变换圆圈代表的意义就可以有很多的变化。

由此，巧妙利用集体教学的高效率和群体的互动效应的特点，能够在课程实践中起到很大的作用！

四、把握教学活动的评价标准

设计教学活动前，必须知道指导教学活动的评价标准。评价的第一个标准就是这次活动是否有必要，即是否一定要以一次课或一次集体教学活动来完成，如果没必要，而是可以用其他教学手段取代的话，那就尽量不用集体活动来做。因为集体

活动比较难把握孩子的个体差异，而且孩子得到的一般都是二手知识，而这个阶段的孩子需要的更多是一手经验，所以如果能够不用集体活动完成的，就尽量不用集体活动完成，这是第一点。

第二，教学活动发展目标（教育目标）制定的具体性和价值。我经常看到老师设计的教学活动的发展目标空泛，一次活动根本没法完成。举个例子，促进孩子对科学探究的兴趣，这就是一个太大的目标，肯定超出了一次活动的范围。活动目标就应该是一次活动能够完成的，例如“孩子对活动中材料的沉浮现象产生兴趣”就比较容易实现。另一个同样经常看到的问题是目标没有价值。比如说我曾经看到过老师让孩子学习杀一条鱼，然后通过观察了解鱼的内脏结构，这个目标的价值就不大。

第三，教学活动内容的价值及意义。“发展目标”和“活动内容”是两个概念，发展目标和活动内容可以没有绝对的相关关系，而只有相互依附的关系。举个例子，美术活动绘画家人，活动的内容是用蜡笔“绘画我的家人”。而目标可以是促进孩子的情感交流，那么活动的重点是画完以后老师引导孩子讲述他们对父母的感情，回忆父母为他们做过的令他们感动的事等。这堂课的价值更多是前面的铺垫和后面的讲述，绘画本身的内容反而不重要，所以发展目标和活动内容只有依附关系。当然，最好是两者都兼顾，既照顾到孩子的发展目标，内容也有一定的价值及意义。

第四，学习目标的“上不封顶，下要保底”。教育活动除了发展目标，还要有学习目标，我认为老师应该把学习目标理解为最低的学习目标，而不是最高的。在一次活动中，老师应该做到“上不封顶，下要保底”，即有最低的学习目标，而又不限制最高的学习目标。例如绘画三代人的家庭树，通过这个内容，让孩子知道家庭结构，了解几代人的关系。最低学习目标是孩子学会表达直属亲人之间的关系，包括爷爷奶奶、外公外婆、爸爸妈妈等。而能力高的可以延伸到其他非直属亲人的关系，这就是学习目标“上不封顶，下要保底”的体现。

第五，活动是否围绕一条主线进行阶段性建构。经常看到活动里的环节太多，或主线太散，一些所谓的“综合活动”里有五六条主线。例如一次“认识水果”的活动，在短短的30分钟里，老师首先用图片教孩子水果的知识，然后用动画、实物教；教完后孩子再分组用水果做沙拉、果汁等。这就误解了教学活动的意义。正确的做法是围绕一条主线，如只是以实物认识水果为主线，通过摸、嗅、尝等手段让孩子探索发现平时没有注意到的水果的种种特点。这样就能体现阶段性目标的发展，即在教学活动的过程中，孩子不断发展、进步。我在很多幼儿园听课都看到孩子学的都是已经会的，这样的活动就没有必要了。阶段性目标的体现就是孩子从不会到会，一步一步由浅入深，一路学习，一路提高。

其他的评价标准还有：1. 材料投放的简易性，好的活动是材料简单，老师更多地在引导、操作中体现教育性。2. 活动的可操作性、简便性、创新性，方便共享、学习。3. 老师预设的提问及难点的合理性。4. 有没有照顾到个别孩子的需要。5. 有没有体现孩子之间的互动等。

以上的就是教学活动的评价标准。

五、重视教学活动的环境准备和组织形式的变化

部分老师在组织教学活动时经常犯的毛病就是让孩子兴奋，认为兴奋就是专注，其实是不一样的。兴奋是孩子各有各的想法，他们只是情绪高涨；专注是他们都专注在一个点上，他们看着老师，或看着教具等。

我认为组织教学活动的难点是要吸引所有孩子的注意力，掌控孩子注意力的关键元素是教学活动的环境准备和组织形式的变化。

（一）准备好教学活动环境

老师跟孩子之间的距离是教学环境的一个重要元素。这个距离要控制得当，如果太远就很难掌控孩子的专注力，老师可以适当移动身体调整与个别孩子之间的距离。除了距离，环境的元素中还有视线的接触。孩子多的话往往会老师看不到孩子，孩子也看不到老师，这就需要做一些调整。如果孩子需要坐三排，那么第一排可以坐在地垫上，第二排、第三排坐在椅子上，有高低区分，这样就不会挡住老师和每一个孩子的视线交流了。有一个经常看到的问题是老师的身体挡住了部分孩子看黑板或示范的材料，在这种情况下老师可以站在黑板后面，弯腰向前写黑板，这样就不会挡住了。除了这些还有操作活动时提供给孩子的指引要清晰，孩子之间的空间要足够等，总之老师组织活动之前必须准备好教学活动环境，这样能更好地让孩子注意力集中。

（二）变换教学活动组织形式

经常看到一些教学活动上，孩子们自始至终都乖乖地坐在小椅子上听老师讲，这种组织形式不符合幼儿园孩子的心理特点，老师应该适当变换教学活动的组织形式，吸引孩子的注意力。教学活动的组织形式一般分为集体活动、小集体活动和小

组活动。集体活动孩子最多，一般是全班一起上，30 个左右；小集体活动，约 15~20 个孩子；小组活动是 8 个孩子左右。老师应该在组织集体活动的过程中灵活运用这些组织形式，在集体活动的过程中生成小组活动和个别指导，然后再回归大集体活动。在教学活动中，老师要根据不同孩子的能力需要而采用差异性资源投放，就是老师对每个孩子倾注的时间不一样，能力低的孩子可能要多花一些时间，能力高的孩子可能很快就能达到最低目标，老师就可以多利用孩子与孩子之间互动等自学方法让这些能力高的孩子继续发展。比如画家庭树活动，可以根据孩子的能力高低，让能力高的坐一桌，能力低的坐一桌。老师在完成大集体讲述环节后再进行分组要求，要求能力高的孩子画的家庭树要有三层或以上的关系，能力低的孩子只要有基本的两层就可以了，老师可以多指导能力低的这组，完成后再进入分享作品的集体环节让孩子交流。

在活动过程中，如果孩子不听话或不专注，老师应该根据具体情况做调整，孩子不专注可能是他想吸引别人的注意力，那么老师就可以请他做小老师，给他表现的机会，如果不专注的原因是内容已经会了，或者对这个内容没兴趣，那么老师就可以给他提一些开放性的问题，让他有更大的思考空间。

六、组织教学活动有哪些技巧

教学活动能否成功与老师的导入和材料投放的技巧有很大关系。我认为导入成功，活动的成功几率就很高。导入有很多方法，我把这些方法归纳为好奇心和代入感，即引起孩子的好奇心和让孩子代入角色。好奇心就是通过类似“猜一猜”的口吻引导孩子，关键是要找到孩子的犹豫点（即最近发展区）。例如在科学活动“摔不破的蛋”里，老师首先把蛋拿到与地板距离比较高的位置问孩子：“假如老师放手，鸡蛋摔到地面会不会破?”孩子回答“会”后，就调低到很低的距离再问，孩子说“不会”后再一点一点地把距离调高，直到孩子的回答开始犹豫。这样的导入就能够抓住孩子的注意力，同时也把导入环节做透了。代入感的运用可以先以一个小故事引发孩子的兴趣，问孩子：“假如你是故事里的人物你会怎么做?”这样孩子就被代入角色了。

和导入要阶段性引导的道理一样，材料投放也要有阶段性，而不是一次性全投放出来，这样才可以让孩子有效建构经验，才能够一点一点吸引孩子的注意力。例如借助雪花片学习数学的活动，雪花片的种类和数量都应该有意识地分阶段投放。

有老师问我如何掌握活动的阶段，我认为应该根据孩子的发展来决定而不是根据活动设计决定，即“老师主导活动目标，孩子主导活动内容”。

七、如何运用教学活动进行幼小衔接

幼儿园采用活动式教学，能保证孩子的学习主动性和经验的建构。但是到了小学后，孩子要面对完全不同的教学模式和学习环境。

- 孩子要面对不同科目、不同老师的教学模式；
- 孩子的抽象思维初步萌芽，要面对更多的抽象性教学；
- 老师采用更多的提问式考核方式；
- 孩子有更多的任务，需要更强的任务意识；
- 孩子需要更强的倾听讨论能力。

所以，幼儿园教学活动还有一个目的，就是让孩子以后能够适应小学的教学模式，逐步让孩子在专注力、对指令的理解能力等方面得到锻炼与提高。

很多老师为了让孩子能尽快适应小学的教学模式而采用预教的方法，可是预教了小学的内容反而会让孩子上小学时失去学习兴趣。孩子已经知道了内容，一、二年级还能够应付，到三年级就容易出问题，因为一、二年级没有养成学习习惯，反正不学也会，到三年级就不会学习了。我认为正确的方法是培养孩子适应小学的教学模式，同时要紧密结合幼儿园活动教学的特点。

例如认识人民币活动，老师可以设计一个调查表，包括各种形式的问答题，亦模拟了学校的问题。老师安排孩子回家调查父母钱包里人民币的种类及数量，第二天在教学活动上进行讨论统计。在以上活动过程中，孩子有了任务意识，学会了理解调查表（解题），亦强化了讨论的经验。这样经过多次类似的活动及有序地增加难度，孩子的适应力会相对高一些。

另外老师也可以安排父母、其他老师到班上代课，让孩子适应不同老师的表达方式，同时丰富一些基本的抽象经验，例如大小、高低、进出、前后等。幼儿园的活动教学虽然和小学的教学模式有很大不同，但是老师千万不能动摇对活动教学的信念，反而应该多利用教学活动和其他环节，加强目标导向，让孩子在快乐中养成良好的学习兴趣，为适应小学生活做好准备。

八、大班体育活动："瓶子游戏"教学活动案例分析

为了让老师明白教学活动的评价标准，以下两个案例都包括了修改前和修改后的对比，老师可重点关注活动内容从零散到系统化的变化。

修改前：

执教人		班级	大二班	活动形式	集体
活动目标	1. 用身边常见的矿泉水瓶做游戏材料，培养幼儿的发散思维及创造性游戏能力。 2. 发展幼儿跳、跑、投掷、钻爬及身体反应能力。 3. 培养幼儿的合作游戏精神。				
活动准备	每人两个矿泉水瓶。 小篮子四个（用于投瓶盖）。 大透明胶六条（用于粘瓶子）。 大垫子一个，系有若干个矿泉水瓶的绳子一条，支撑绳子的小凳子两个（用于钻瓶子）。 系有一个矿泉水瓶（内装少量水）的绳子一条（用于跳瓶子）。				
活动过程	一、开始部分 （1）每个幼儿手拿两个矿泉水瓶站好。 （2）跟着老师用矿泉水瓶做身体各部位的热身准备活动。 二、基本部分 （一）启发、鼓励幼儿自创玩法 1. 老师：这个小小的矿泉水瓶还可以用来做很多游戏，你们想不想试一试？ 2. 幼儿分散自创玩法，老师巡回指导，鼓励幼儿与同伴尝试更多玩法。 3. 幼儿介绍自己创编的玩法，互相模仿学习。 （二）闯关游戏 1. 引出活动：现在请小朋友们用矿泉水瓶玩一个闯关游戏，要闯过五关，才能进入旋转乐园游戏。 2. 教师讲解、示范矿泉水瓶的各种有趣的玩法。 （1）第一关：跳瓶子。幼儿双腿夹住一个瓶子，跳过自己放在地上的另一个瓶子，要连续跳过五次，而且夹住的瓶子不能掉下来。 （2）第二关：摆方形。全体幼儿合作游戏，在限定的时间内，把所有的瓶子摆成一个长方形。过关后，每位幼儿有序地取回两个瓶子，进行下一关。 （3）第三关：投瓶盖。幼儿把手中瓶盖拧下，排队站在划线后，瞄准小篮子，分别把两个瓶盖投进小篮子。如果有瓶盖丢在篮子外面，就要捡回瓶盖，到后面排队重新投。瓶盖全部投进去的幼儿就可以玩第四个游戏。 （4）第四关：粘瓶子。幼儿跑到柱子前（把大透明胶反过来贴在幼儿园的柱子或墙上，让有粘性的一面露在外面，透明胶根据幼儿的身高贴在不同的高度），用力往上跳起，把手中的瓶子粘在柱子上。两个瓶子都被粘住了，才能玩下一个游戏。				

（续）

执教人		班级	大二班	活动形式	集体
活动过程	（5）第五关：钻瓶子。在垫子的上方挂了一排矿泉水瓶，幼儿需贴在垫子上爬过去，身体没有碰到瓶子为过关，否则重来。 （6）旋转乐园游戏：幼儿闯过五关后，进入旋转乐园游戏。老师把系有矿泉水瓶的绳子贴近地面轻轻地转动着甩开来，让瓶子沿着圆心旋转起来。幼儿站在圆周上，每次瓶子转过来，快碰到自己时，迅速跳起，以免被瓶子打到。 3. 教师巡回指导幼儿游戏。 （三）小结 1. 让幼儿说说自己认为最好玩的游戏是什么，哪一关最困难，为什么，幼儿是怎样克服困难的。 2. 教师表扬幼儿在游戏中的良好表现，鼓励幼儿多用生活中的简单用品，编出更有趣的游戏。 三、结束部分 教师带领幼儿用瓶子做各种身体放松活动。				
活动反思	活动设计新颖、有趣，让孩子们通过好玩的游戏活动锻炼身体。孩子们对活动很感兴趣，培养了幼儿喜欢参与挑战，与同伴协商配合、大胆想象的能力。 幼儿自创玩法时，教师应多给孩子一些时间，让幼儿介绍自己创编的玩法，互相模仿学习。幼儿在“旋转乐园”跳跃游戏后，身体处于兴奋状态，心跳加速，不应马上坐下来，可站着做一些放松活动。				

修改后：

<table>
<tr><td>执教人</td><td></td><td>班级</td><td>大班下学期</td><td>活动形式</td><td>集体</td><td>活动后的反思</td></tr>
<tr><td>活动目标</td><td colspan="5">1. 通过跳瓶子游戏，发展幼儿跳跃和身体控制的能力（重点）。
2. 通过利用矿泉水瓶做游戏，培养幼儿的发散思维及创造性游戏能力（难点）。
3. 在竞赛游戏中培养幼儿积极进取和与人合作的精神。</td><td rowspan="3">1. 活动设计新颖独特，玩法新鲜有趣，幼儿学习兴趣浓厚。
2. 孩子们在活动中，锻炼了跳跃和身体控制能力，达到了锻炼身体的效果。</td></tr>
<tr><td>活动准备</td><td colspan="5">矿泉水瓶若干个，装有瓶子的筐子一个。</td></tr>
<tr><td>活动过程</td><td colspan="5">1. 用矿泉水瓶做身体各部位的热身活动。
2. 幼儿自由探索用瓶子练习跳跃，教师观察，让幼儿互相模仿学习。
3. 引导幼儿探索用身体不同部位（如腋下、下巴、两腿等）夹着一个瓶子跳过另一个瓶子，互相模仿学习。
4. 鼓励幼儿自由组合，合作学习，共用瓶子开展竞赛游戏，尝试夹多个瓶子跳过障碍，并可根据自身能力逐步增加瓶子数量，看看最多可以夹几个瓶子跳。
5. 引导幼儿分成男女组开展挑战赛。
（1）请女孩组用瓶子摆出不同的障碍造型(如竖放与横放高度不同，瓶子之间的宽度不同等)，男孩子根据自身能力挑战(用腿夹一个瓶子跳跃)。
（2）交换角色，请男孩组摆放障碍造型，女孩子挑战。</td></tr>
</table>

（续）

执教人		班级	大班下学期	活动形式	集体	活动后的反思
活动过程	6. 小结游戏情况，肯定幼儿在游戏中合作、勇于挑战等表现。 7. 用瓶子做各种身体放松活动。					3. 培养了幼儿喜欢参与挑战，与同伴协商配合、大胆想象的能力。 4. 幼儿自创玩法时，教师应多给孩子一些时间，让幼儿介绍自己创编的玩法，互相模仿学习。
关键提问先扩后聚	1. 扩散性 （1）用瓶子来练习跳跃，可以怎么玩？ （2）你有什么独特的玩法？ （3）你还可以用身体的哪些部位夹住瓶子跳呢？ （4）身体的哪个部位最难夹住瓶子？ 2. 凝聚性 （1）在瓶子数量有限的情况下，怎样才能获得更多的瓶子用来夹跳？ （2）最多可以夹几个瓶子跳？ （3）可以用瓶子摆放成哪些障碍造型？ （4）你觉得最好玩的是什么，跳什么障碍最有挑战性，你是怎么克服困难的？					
关键用词	1. 夹瓶子、跳跃。 2. 腋下、下巴、两腿等。 3. 障碍、合作。					
组织活动的难点	1. 增加夹瓶子的数量。 2. 用瓶子摆出不同的障碍造型。 3. 男女孩开展挑战赛。					
活动难度的控制点	1. 根据孩子自身能力增加瓶子数量。 2. 用瓶子摆出不同的、合理的障碍造型。 3. 根据自身能力挑战。					

九、中班科学活动："小小建筑师"教学活动案例分析

修改前：

执教人		班级	中班	活动形式	小组或区域
设计意图	小小纸巾筒在日常生活中随手可得，也是可以让小朋友们发挥无限创意的"玩具"，既安全又卫生。 在班级建构活动中，我发现小朋友们在搭高时常用单块积木往上叠，辅助材料与搭建形式较为单一。为此，我尝试利用纸巾筒作为搭建材料，结合幼儿喜欢在"学中玩、玩中学"的特点，引导幼儿在活动中观察、思考，发现问题，并尝试解决问题，使幼儿的搭建经验系统化，并能将经验迁移。				

（续）

执教人		班级	中班	活动形式	小组或区域
活动目标	1. 感知纸巾筒的特性，发展创造性的建构能力。 2. 通过操作和探索，初步了解搭建原理，掌握从多个纸巾筒中找出同等高矮的搭建材料的方法。 3. 学习与同伴合作搭建。				
活动准备	1. 纸巾筒若干，分装成8筐，用布盖住。 2. 建构区长方形木板8块（宽约20厘米，长约40厘米，厚约2厘米）。 3. 图书（硬皮本）、泥工板和旧光盘若干。 4. 礼物布袋一个。 5. 背景音乐。				
活动过程	一、感知纸巾筒的特点 1. 出示装有纸巾筒的礼物袋，请幼儿猜猜是什么。 2. 请个别幼儿上前摸一摸，猜一猜，并公布答案。 3. 提问 （1）纸巾筒有什么用？（可以拿来玩） （2）你想怎么玩？（鼓励幼儿充分说出自己的想法） （3）要是有很多个可以怎么玩？（幼儿人手一筐材料，自由探索玩法，如当望远镜、搭火车、叠高等） 4. 请个别幼儿介绍自己的玩法或搭建作品，肯定幼儿的创意。 二、尝试用纸巾筒和木板搭桥 1. 创设游戏情境，请幼儿当“小小建筑师”。 2. 布置第一个任务：每个幼儿用纸巾筒和木板搭一座桥。 3. 教师巡回观察并适时引导幼儿发现问题。 预设问题： （1）你用了几个纸巾筒做桥墩？ （2）你的桥为什么会晃动？ （3）怎样才能找到一样高的桥墩？（引导幼儿找出最快捷的比较方法） （4）桥墩放在什么位置会更平稳呢？ 4. 引导幼儿观察、比较搭好的桥，说说哪一座桥看起来最结实，哪一座桥有危险，问题在哪。（请个别幼儿介绍自己的做法，如怎样选择桥墩，桥墩的位置摆放等） 5. 教师小结：你们真聪明，一下子发现了这么多的奥秘。原来，搭桥的时候，桥墩要一样高，而且要放在桥板的四个边角下才能更平稳。 三、运用已有经验，合作搭建楼房 1. 布置第二个任务：两人一组合作搭建楼房，在规定时间内完成。 2. 介绍提供的辅助材料（如书本、泥工板等），请小朋友先想一想怎样搭建楼房才能更高、更结实、更漂亮。 3. 幼儿自由结伴，两人一组开始搭建楼房。 4. 教师巡回观察，适时引导幼儿发现问题、解决问题。					

（续）

<table>
<tr><td>执教人</td><td></td><td>班级</td><td>中班</td><td>活动形式</td><td>小组或区域</td></tr>
<tr><td>活动过程</td><td colspan="5">预设问题：
（1）你们两个是怎么分工的？
（2）你们准备搭几层楼？
（3）看看这层楼平稳吗？哪里有问题？
5. 幼儿在规定时间内完成后，请幼儿互相欣赏并评价自己或同伴的作品。（你喜欢哪栋楼房，为什么？哪一栋楼看起来最结实？哪栋楼看起来有危险？怎么办？）
6. 教师小结：搭楼房要一层一层往上搭，每一层的房柱要一样高。
7. 结合幼儿的评价评选出最佳建筑质量奖、最佳创意奖、最佳合作奖等，肯定幼儿的创意、合作精神等，让幼儿与作品合影留念，充分体验成就感。</td></tr>
<tr><td>活动反思</td><td colspan="5">本活动中幼儿始终积极投入，兴趣浓厚。
在刚开始搭桥时，部分幼儿没注意到桥墩的高矮，发现桥面倾斜及摇晃后，开始尝试选择同样高度的纸巾筒做桥墩。幼儿的选择方式非常有趣，有的是直接先拿四个垫在木板下面，看到不平衡了再撤掉其中的一两个，然后找出新的一个个放到木板下比划；有的是先目测，再两个两个地比；个别幼儿会先拿出四五个并排竖在地上比较。这一现象说明虽然中班幼儿已经学过比较高矮，但要从多个物体中找到四个相同高度的纸筒对他们来说还是有一定的难度，这也就是孩子的最近发展区吧。因此，我在活动中把这个环节作为难点，在孩子操作过程中以提问方式引导幼儿观察、思考，为幼儿提供适时的支持。在后面的搭楼环节中，大部分幼儿都能用较快的方法选择同等高度的纸筒作为房柱，说明他们已经在迁移运用新的经验。
此次搭建活动中充分体现了幼儿的独立思考能力及想象力与创造力，从自由搭建到尝试独立搭桥再到合作搭楼，幼儿通过自身的探索、与同伴的经验分享、合作以及老师的引导，不断尝试、探索，发现问题并努力解决问题，不仅提升了自身搭建经验，也充分体验到成功的喜悦。</td></tr>
</table>

修改后：活动名称改为“搭桥”（老师觉得这个题目才合适）

<table>
<tr><td>执教人</td><td></td><td>班级</td><td>中班下学期</td><td>活动形式</td><td>小组</td><td>活动后的反思</td></tr>
<tr><td>活动目标</td><td colspan="5">1. 初步了解搭建中的平衡原理，学习从多个纸巾筒中找出同等高矮的材料作为桥墩（重点）。
2. 初步感知桥墩之间的距离（难点），学习与同伴合作搭建。</td><td rowspan="3">本活动幼儿非常喜欢，通过搭建活动充分发挥幼儿的想象力、创造力，也充分挖掘了幼儿的探索、创新及语言表达能力。整个活</td></tr>
<tr><td>活动准备</td><td colspan="5">幼儿人手一个托盘，每个托盘装 8 个纸巾筒。</td></tr>
<tr><td>活动过程</td><td colspan="5">1. 围绕“我见过的桥”谈话，了解幼儿经验。
2. 幼儿用纸巾筒自主自由探索搭桥。
3. 探索用托盘当桥面，让幼儿用最少的“桥墩”搭最稳的桥。
4. 引导幼儿运用已有经验，合作搭建长长的桥。
5. 完成后，互相观察比较桥墩之间的距离。
6. 小结：肯定幼儿的探索与合作精神，让幼儿与自己搭建的桥合影。</td></tr>
</table>

（续）

<table>
<tr><td>执教人</td><td></td><td>班级</td><td>中班下学期</td><td>活动形式</td><td>小组</td><td>活动后的反思</td></tr>
<tr><td>关键提问
先扩后凝</td><td colspan="5">预设问题：
1. 扩散性
（1）你用了几个纸巾筒搭桥？你的桥为什么会晃动？
（2）怎样才能找到一样高矮的桥墩？桥墩放在什么位置会更平稳呢？
2. 凝聚性
（1）平面的桥墩要不要一样高？
（2）两段桥之间有大的缝隙，该怎么调整？要挨紧吗？
（3）搭弯道的桥该怎么连接？桥墩还要一样高吗？</td><td rowspan="4">动层层递进，幼儿在操作中不断发现问题、解决问题，摸索出最佳的搭建方法，提升了已有经验，并能尝试运用。活动中幼儿一直兴趣浓厚，参与积极，进一步提高了与同伴合作的能力。</td></tr>
<tr><td>关键用词</td><td colspan="5">1. 搭桥、桥面、平稳。
2. 桥墩。
3. 桥墩距离的比例。</td></tr>
<tr><td>组织活动
的难点</td><td colspan="5">孩子操作的能力不足以搭出心里想象的作品。
纠错环节，孩子不一定有能力在错误的基础上进行改善。</td></tr>
<tr><td>活动难度
的控制点</td><td colspan="5">幼儿容易搭出平直的桥，但难以搭出有弯道的桥，可以提醒幼儿把握好衔接处的桥墩摆放位置。</td></tr>
</table>

第六章

原来主题课程的核心价值就是这些

学会用周计划串联主题内容和向家长汇报的方法，就能有效避免幼儿园教育小学化的倾向。

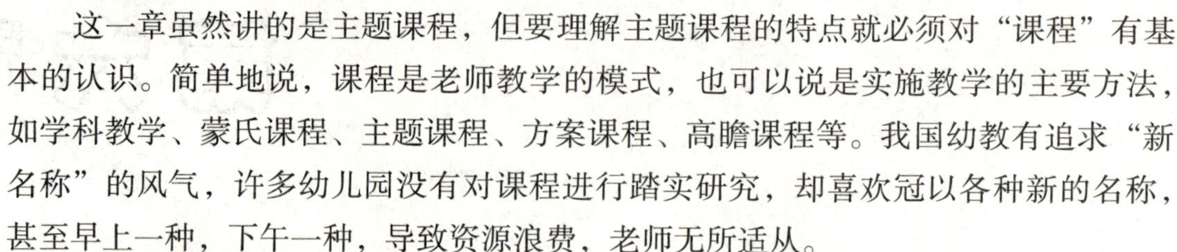

这一章虽然讲的是主题课程，但要理解主题课程的特点就必须对“课程”有基本的认识。简单地说，课程是老师教学的模式，也可以说是实施教学的主要方法，如学科教学、蒙氏课程、主题课程、方案课程、高瞻课程等。我国幼教有追求“新名称”的风气，许多幼儿园没有对课程进行踏实研究，却喜欢冠以各种新的名称，甚至早上一种，下午一种，导致资源浪费，老师无所适从。

在选择课程前，必须了解该课程的特点，看幼儿园有没有条件运用，同时这些特点是否适合施教的对象。假如幼儿园班额很大（有些班居然有 80 名孩子），勉强用主题课程，效果可能还没有用分组的集体活动有效。老师应该把课程理解为工具，用这些工具能够把老师的能量放大，从前有心无力的任务，利用了课程就能够完成。要记住，主题课程只是众多课程中的一种，并不是唯一的一种。

一、主题课程“内容延续”的特点，能促使孩子更容易理解教学内容

幼儿园教学的一个难点是孩子的理解能力差别较大，有些孩子在这一方面的理解能力强，有些孩子是在另一方面的理解能力强。造成差异的原因有两个。首先，幼儿园孩子的年龄基数小，所以几个月的差距就产生很大的差异比例，例如一个 3 岁的孩子和一个 3 岁 8 个月孩子的年龄差异就是 22%，但是 8 个月的年龄差异对 10 岁的孩子来说只是 7%。其次，幼儿园孩子的主要经验来自家庭，家庭背景的差异造成孩子的经验差异，于是对不同事物的理解能力就不同。例如，家长是小商贩的孩子对数字的信息可能更敏感，而家长是搞美术的孩子可能对色彩相关的信息更敏感。

基于以上原因，小学的分科教学模式不适合幼儿阶段（注意，分科教学不等同于集体教学活动，分科是指内容以学科区分，集体教学活动指的是组织形式而非教学内容），因为分科教学一般是跟着教材走的，要是孩子在生活里缺乏对某一堂课的内容的相关经验而不理解老师讲的，他就算不懂也没有机会再学习相关的内容，因为下一堂课的内容完全不同，而且不同学科之间的内容也没有联系。

大部分学科教学是以一堂课作为一个阶段，例如数学课，所以只要有几堂课跟不上，余下的课便很难明白。中小学大都是采用这种模式，这种方式能够高效率传递知识。但是对于幼儿园来说，老师就很难保证每一个孩子都能理解所教授的内容，而且这种模式大部分时间孩子是被动式接受教育，不利于培养幼儿的自主性学习能力。所以在幼儿园，分科教学只适合作补充手段，填补主课程在主要学科教学的不足。在幼儿园老师的任务里，让班里“所有孩子”都理解教学内容是最基本的，老师都知道“一个都不能少”。

要让更多孩子理解教学内容，老师首先要为每一个内容分配比较合理的学习时间，用一次活动显然是不够的。然后老师要用不同的方式让不同经验背景、不同学习模式的孩子都能够理解。例如教中班孩子“小蝌蚪找妈妈”，老师可以首先把图书的每一页复印下来，在上午的集体活动里把孩子分组，让孩子根据自己的想法排序，完成后大家分享各自的想法。然后区域活动时每一组孩子按照自己的想法进行表演活动。下午老师再进行讲故事的活动，接下来孩子以美术作品的形式表现故事里他们最喜欢的一个环节。

与只用一次活动相比，以上的方法能够让孩子有更多机会理解同一个内容，不同学习能力的孩子都有机会用自己的学习方式理解这些内容。总之，要让班里所有孩子都理解老师的教学内容的一个秘诀就是“内容延续”，包括教学内容和教学活动的延续性，即不同教学活动之间有相关性、延续性。当然这样要教的内容就不能太多了，但是幼儿教育阶段要求传递的内容本来就不多！

二、主题课程的“综合教学”特点，能够促进孩子的多元智能发展

回想一下你在学校上课的情景，每一堂课的内容都不同，语文课学朱自清的《背影》，数学课学二分法，历史课学明朝历史。每一科内容都不同，这堂课还未学透，铃声一响，思维又要转变，有兴趣的学科还好，没兴趣的只要一堂课跟不上，这门课便完了。由此可见，切割式的分科教学适用于高效率的知识传递，适用于青少年及成人教育，但对于以身心发展为主导的幼儿教育来说却行不通。幼儿教育的目标更多是素质的培养，让孩子全面发展，而不是学习二手知识，所以要选用另外的合适的方法。

要是以上的例子里每一堂课的内容都是相关的，例如数学课是以朱自清的著作数量、字数等作为教学内容；历史课则是学习朱自清年代的背景历史等，这样学起来会相对容易。因为所有学科都围绕同一内容，于是在语文课听不明白的，可能在数学课顿悟了。学生的经验就变得相对一致了，老师也较容易掌握他们的最近发展

区。更重要的是用了多种学习手段围绕同一个内容，孩子得到的发展就全面，这样更符合幼儿教育的目标。

在主题课程中孩子可以通过多种手段学习同一个内容，而不是以单一手段学多个内容，比如老师用分科教学模式教孩子水果，孩子单向地接受老师教授不同水果的知识，虽然孩子学了很多，但只是用一种手段学，就是听老师说，然后复述出来，其实孩子对水果的感知不深，那些听觉、语言能力比较好的孩子学得快，但其他非语言智能较强的孩子，在理解时就要慢一些。其实，语言能力好、对内容理解快的孩子，也没有发展其他智能，只是单一地得高了听说能力。

假如某一名孩子的家长是小商贩，孩子放学后就在家里帮忙，于是在数字、数量和人际交往方面的经验比较丰富，也习惯以这两种能力去认识新的事物。要是采用小学的分科教学，这名孩子以后的智能发展可能就只侧重在这两方面。但如果老师带着孩子以不同的手段感受同一内容，例如在数学活动中利用“买卖水果”的内容让孩子点数，然后在美术活动让孩子绘画最喜欢的水果，那么对数字敏感的孩子在数学活动中很容易对“水果”产生兴趣和印象，有了“喜欢的水果”这个载体，有了兴趣和印象，孩子就相对容易在绘画时发展美术的能力。这就是以相同内容为载体，利用高的智能带动其他智能发展，最后所有智能都不断地螺旋上升。我把这个叫做“综合教学”，即围绕同一内容，以综合教学手段提供不同经验给孩子，从而促进孩子全面发展。

根据这种围绕一个教学内容延伸成多种发展目标的观念，产生了多种主题课程模式。它们的主要区别只是教学内容选择的形式不同，有些教学内容是一项任务，例如“我的相册”活动是让孩子设计制作自己的相册；有些是一种现象，例如“春天”，便是春天相关的内容；有些是一种物品，例如“玩具”，就是和玩具有关的内容。不管是哪一种模式，目的都是从单一的内容分解出各种学习经验及概念（数学及符号等），活动之间的内容应该是紧密相连，延续性很强的。

我曾看到有些老师误会了主题课程的意义，结果变成了以单一的教学手段传授大量和主题相关的知识，这是不正确的。

三、主题课程的课程结构隐藏的教育功能

简单地说，课程结构就是课程实施的固定步骤，例如我设计的“小小爱因斯坦

科学课程”里就是四个固定的步骤：猜一猜、找一找、试一试及作品欣赏，主要针对现在孩子的需要，让孩子大胆尝试，敢于创新，锻炼坚持力、知识迁移能力及动手能力等。

“猜一猜”是让孩子猜一猜老师提出的科学问题的答案，一般会给两个答案让孩子选，例如大球和小球滚下斜坡时哪一个滚得快，孩子猜完便做实验，并做记录。这个步骤是培养孩子敢想敢猜的态度和习惯。

“找一找”是要求孩子在周围寻找类似现象，这个步骤是提高孩子对周围事物的注意力及认知的迁移能力。

“试一试”是让孩子用相关的经验解决新问题，主要是提高孩子运用知识的能力，藉此发展孩子的创造性思维。

最后是作品欣赏，目的是复习及分享经验，学习利用抽象符号记录经验的方法，提升语言讲述能力。每一次活动都按照这四个步骤执行，经过一段时期后，孩子就能建立这种思维习惯。

课程结构的重要性体现为两点。第一，教育措施的阶段性计划，每一个阶段为下一个阶段做好准备，以产生最优的教育效益；第二，课程结构的规律为孩子提供了相关的学习经验，例如科学课按照观察、预测、实验、推理的规律有序进行，过一段时间，孩子便会养成这种思维方式。

古今中外很多主题课程模式都非常重视课程结构，例如我国著名教育家陈鹤琴先生把他的“活教育”的教学过程，分为四个步骤：实验、参考、发表和检讨。由于在整个教学过程中，打破了原有学科之间泾渭分明的界线，故从严格意义上说，并没有什么单纯的常识科。他在介绍“活教育”教学过程时说，每一个小朋友都应当有一本他自己的工作簿。在工作簿上编他自己的教材。譬如一个小孩子，他研究一只活的青蛙，这种研究和观察的工作就是第一个步骤“实验”。但是这种实验是不够的，他还需要更多的参考书，什么关于青蛙生活的科学小品呀，故事呀，儿歌呀，他要这一类的书，这是他在做他的“参考”工作，也就是教学过程的第二个步骤。他在参考了这些书之后，可以写一篇关于青蛙生活的报告，或者编一个木偶戏或故事，或者是童话，或者是演一幕自编自导的关于青蛙的小小戏剧，这就是教学过程的第三个步骤。在这一步骤之后，老师就和小朋友在一起检讨这一个学习过程，这就是第四个步骤了。

西方意大利瑞吉欧的方案教学的课程结构是，1. 收集信息：根据方案的内容，用不同的渠道收集相关的信息；2. 整理信息：将收集回来的信息分类整合；3. 制作作品：在前两个步骤的经验基础上进行构思、设计、制作等工作；4. 检测反思：检

测作品并进行反思讨论。这些解决问题的过程是人类文明智慧的结晶。你可以看到，解决问题的能力可以归纳为搜集信息、处理信息及应用信息三种能力，包括了确定目标、制定计划、实施计划及评定结果四个阶段。经历过多次这种方案教学的固定结构，孩子就能形成良好的解决问题的思维习惯。

主题课程利用课程结构作为导向的特点还体现在网络图的设计和运用上。主题的网络图体现了“在应用中”传授思维模式给孩子的特点，所以制作主题网络图的过程有重要的教育价值，即把人类积累下来的智慧和经验传授给孩子。制作主题网络图就是把物品或者任务解剖、分类的过程。不同模式的网络图，不管是老师常用的分类图还是复杂一点的鱼骨图，都是一种思维方式。老师把这个过程做好，对孩子思维方式的培养非常有利，同时能为孩子提供全面、多样化、有价值的结构经验。

四、认识主题课程的多种模式

有的老师对主题课程感到很困惑，因为从不同教材能看到好多种不同的模式，有一种是说主题就应该围绕着一个内容，比如“玩具”主题，可以分为“我喜欢的玩具”、“玩具从哪里来”、“玩具的种类”等小主题，这一周做“我喜欢的玩具”，下一周做“玩具从哪里来”，再下一周是“玩具的种类”，每一周一个小主题。

还有一种是采用任务式的，比如老师让孩子准备一个圣诞派对，每周完成一个任务，最终完成圣诞派对，任务可以是制作一个作品，也可以是准备一个活动，或者是环境布置。

还有一种是老师教给孩子跟内容有关的知识，比如水果，教孩子水果的颜色、水果的味道、水果的生产方法，这也是一种分类方法。很多种不同的主题课程模式，究竟哪一种对，哪一种错？还有很多专家说主题不能大，也有一些专家说主题应该大，到底该怎么办？我认为老师不要对着这种种名词钻牛角尖，关键是要理解主题课程的意义和价值，然后根据幼儿园课程的特点，把它当作一个工具用好。

我国现在讲的主题课程已经不能用国外讲的“Project Approach”来理解，国外的“Project Approach”，或者叫方案教学、课程研习，它的应用环境跟我国幼儿园的情况不一样。我们应该根据我国幼儿园的特点，研究有中国特色的主题课程思维模式。这种思维模式应该考虑我们要面对的幼小衔接学科教学，还有我们没办法不使用的教材等，还要考虑不同幼儿园不同的需要和其他具体情况，从而让孩子的学习更有效率、更有兴趣。

学习主题课程，我认为首先要了解我国现代儿童教育家陈鹤琴先生的“整个教学法”。何为“整个教学法”？陈鹤琴认为，整个教学法，就是把儿童所应该学习的东西整个地、有系统地教学。这种教法就是把各种功课打成一片，所学的功课是无规定时间限制的；所用的教材是以故事或社会或自然为中心的，或是作为出发点的。因为学前儿童的生活是“整个的”，学前儿童的发展也是“整个的”，外界环境的作用也是以整体的方式对他们产生影响的，所以为幼儿设计的课程也应该是整个的、互相联系的，不能相互割裂。

陈鹤琴讲的就是“内容的延续性”和“教学手段的多元性”。所以总的来讲，不管是哪一种模式，只要它能够体现出“内容的延续性”和“教学手段的多元性”，就可以说是主题课程。至于内容的延续性和教学手段多元性程度的深浅则要根据客观情况而定，重要的是老师心里要有正确的课程意识。

五、认识我国主题课程的先驱——陈鹤琴先生

我认为陈鹤琴先生的理论比较适用于我国幼儿园，尤其是其整个教学法。分科教学法跟整个教学法的区别是，分科教学法各科之间的内容是不同的，而整个教学法，简单来说内容就是一个，如小孩喜欢的苹果，老师教孩子用美术手段画水果，或者摸、尝苹果，再玩苹果买卖的游戏，孩子用多种方式学习苹果，对苹果的理解就会更清楚，不同理解能力、不同学习能力的孩子至少都能理解到苹果的一个方面。孩子摸到水果，通过摸到的认知，再串联语言的发展，语言强的孩子用语言发展，带动自身其他认知的发展，这就体现了刚才讲到的内容延续与教学手段多元性的两个方面。

回过头来讲，“整个教学法”在内容上没有分科学得多，不过我们也知道，在幼儿阶段不是要让孩子学得多，而是要让他学得好，促进他的各种学习能力的发展。等孩子七八岁抽象思维完全发展了，认知的铺垫好了，自然就学得快、学得多。

简单地说，陈鹤琴先生的观点是：

- 应该围绕同一内容设计学科教学的内容；
- 不要用绝对的时间段来划分学习目标；
- 这种课程内容可以是多种形式的。

陈鹤琴先生认为，直接经验是“学习中的唯一门径”。因为直接经验是儿童在各种活动中获得的，所以，该课程又是活动的课程。在从幼儿园到小学三年级的教育实验中，陈鹤琴主要分三个阶段进行，“第一阶段，以采用小单元编制为原则；第二阶段，除国语、算术外，采用大单元及活动中心的编制；第三阶段，除国语、算术外，采用活动中心的编制”。

由以上可看到，“整个教学法”不但包含了小单元、大单元和活动中心，而且按不同的年龄特点可采用各种组合，同时可以结合学科（主要是数学及语文）教学。所以“整个教学法”其实已经概括了主题教学（单元）、方案教学（活动中心）、学科教学的理念及其运用。

老师在选择主题时可以参考这些原则，小班的孩子缺乏知识经验，所以选择小主题（小单元），即相对具体的主题，中班孩子可以选择大主题（大单元），即相对概括的主题，例如“水果”是概括的，而“我喜爱的水果”则是相对具体的。大班则采用任务式的主题，例如“我们班的水果店”。当然一切要根据孩子的发展水平而定。

六、原来主题课程可以这样串联周计划

12 月中旬的一周，为了让孩子感知圣诞节背后的意义，感知这个节日的文化背景、宗教知识等，老师把这些内容都定为下一周的目标。于是老师在周末安排一些相关的家庭任务给家长，让家长帮助孩子为下一周的学习铺垫经验。

下一周的主题、分主题的主要内容就是让孩子制作一张圣诞卡，这一周安排给家长的任务是周末带孩子到商场观察、欣赏不同的圣诞卡，包括引导孩子注意圣诞卡里的祝福用语，理解不同祝福用语的含义，还有圣诞卡片中图案的故事、造型等，尽量让孩子带一些旧的圣诞卡到幼儿园来。

周一的晨谈活动可以让孩子讲一讲自己，带来的圣诞卡以及父母教的圣诞卡知识。因为孩子比较多，谈话可以分组进行。老师最主要的任务是把孩子带回来的圣诞卡进行分类，可以根据圣诞卡的内容分，也可以根据祝福话语分，旨在以不同的分类方法引导孩子注意到圣诞卡的各种特点。然后，老师可以用一个版面把圣诞卡分类展示出来，让孩子在生活中欣赏、交流不同的圣诞卡，为下一步制作圣诞卡做铺垫。

星期一的任务还可以是让孩子构思自己要设计的圣诞卡，老师可以引导孩子参考那些带回来的成品，还可以教孩子利用现成的、孩子过去创作的作品，如挂在环境里的画，做二次加工。这样，孩子在星期二就可以用各种方法制作圣诞卡，并设计祝福用语，完成设计的任务。这个过程可以根据孩子的能力差异，用讲述或者是绘画设计图等方式来完成。

老师可以根据教育目标确定是让孩子单独做还是分组做，孩子给父母做还是给好朋友做。星期二，孩子制作完圣诞卡以后，老师就把圣诞卡用一个版面展示出来，让孩子们互相欣赏学习。

第三是做圣诞卡的信封，因为真的圣诞卡是要有一个信封装着的，老师用制作圣诞卡的类似方法引导孩子做信封。如果幼儿园资源允许，还可以带领孩子到邮局把圣诞卡寄出去，如果没有条件的话，可以设计一个邮票贴在信封上。星期四做完后，星期五就可以送给朋友或者父母。

星期五，老师可以要求父母收到卡以后，好好聆听孩子讲述圣诞卡的制作过程，老师还可以教家长如何采用描述性表扬的方法描述和表扬孩子，并把表扬的话写在一张小纸条上，老师就可以要求孩子下周把纸条带回来。下周的目标可以是提高孩子对不同成年人的语言的理解，可以把孩子带回来的表扬用语作为材料。可以让孩子在其他孩子面前讲述父母是怎么表扬他的，这样既能增强孩子的自豪感，也能促进家里的亲子关系。其他孩子在倾听表扬时，也能提高理解不同成人语言的能力。讲完以后老师可以把这些表扬用语和圣诞卡再次展示出来。

这就是主题课程的一种模式，小主题围绕着圣诞卡，把三周的内容承上启下，以不同的手段有效地串联起来。可以说，跟圣诞卡制作有关的主题，体现了“延续”和“综合”两点。要是我们每一周都能这样承上启下地安排内容，肯定能促进班里所有孩子的全面发展。

其实不管什么内容都能够发展成为这样的周活动，例如“线”的主题。

- 班里的马路：观察马路上不同的“线”并记录下来，了解这些“线”的意义和作用，然后讨论班里过道的规则，参考马路上的“线”，设计、制作班级过道的标志，把标志布置在过道合适的位置。
- 为衣服增加线：每一名孩子带一件旧衣服到幼儿园，分组观察，寻找衣服上的线。把线根据功能分类，然后讨论、构思可以为旧衣服增加什么样的线，让这些旧衣服变得更漂亮，接着利用收集回来的各种线对旧衣服进行加工，最后进行服装表演。

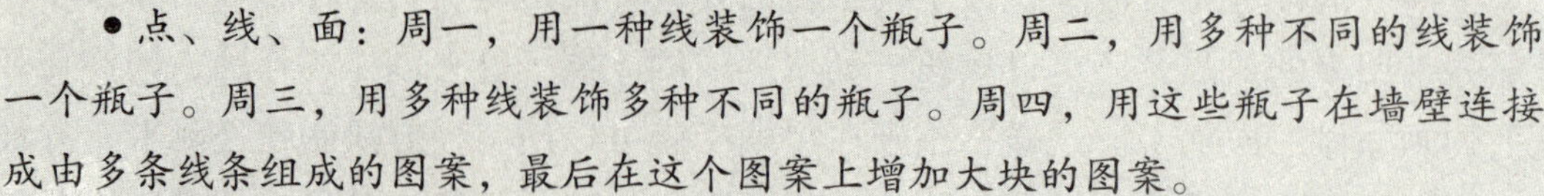

●点、线、面：周一，用一种线装饰一个瓶子。周二，用多种不同的线装饰一个瓶子。周三，用多种线装饰多种不同的瓶子。周四，用这些瓶子在墙壁连接成由多条线条组成的图案，最后在这个图案上增加大块的图案。

●线条化装舞会：寻找脸上及身体上的线，并与各种动物进行对比。收集各种线条，制作用线条组成的脸谱，在身体上也用线条装饰，最后进行化装舞会。

●掌纹身份证：观察掌纹，通过拓印、放大、对比寻找相似点，最后制作掌纹身份证。

老师只要动动脑筋，就能够想出很多好玩的周活动，关键是备课模式的要求，如果备课模式是鼓励老师这样思考的，老师很快就能够锻炼出这种思维能力。

七、以周计划为主导的主题课程模式

上面的例子说明了主题课程可以以周计划作为主导，这是一种表达主题的方法，也是比较适合中国幼儿园课程的一种方法。中国幼儿园的教学任务比较重，因为毕竟还要考虑幼小衔接，这跟国外情况有所不同，所以我们在考虑主题时就不能像国外那样完全开放，除了考虑主题以外，我们还要考虑怎么有机地结合其他教学任务。

我认为中国幼儿园还是比较适合以周作为单位。除了教学任务外，我国幼儿园其他任务也特别多，什么运动会、科技周等，主题课程往往会被这些任务打乱，所以每周进行一个和主题相关的小主题会比较容易出成果，这种小主题最好是任务式的主题，在一周内分阶段进行，到周五完成一周的任务，下周的任务建立在上周的任务基础之上，再生成新的任务。

另外，每一周做一个小主题，每一个小主题之间又有关联，比如我刚刚讲的圣诞节，圣诞派对为大主题，分主题是制作圣诞卡和邀请卡，邀请父母来参加圣诞派对等，每一个小主题之间是有一条线连起来的，相对容易操作，而且老师也不必占用太多时间，可能只用部分环节就能完成主题课程的任务，然后剩下的时间就可以用来进行学科教学或者是其他任务的活动，从而把不同的需要有机结合。以下是举例说明。

主题："我的档案"——制作一本自己的档案

第一周的小主题："我家的大树"——包括了解各种家庭结构，收集家庭成员照片，动手制作"我家的大树"的作品，讲述分享各人的作品，找出相同和不同的内容，装饰及装裱照片。

第二周的小主题：“我的家”——包括了解家的地址，制作家的平面图，拍全家合照，然后制作“我的家”作品，讲述分享。

第三周的小主题：“我喜爱的食物”……

最后设计“我的档案”的封面，然后结合之前的所有作品，完成可分享、可继续在活页增加内容的“我的档案”。

主题结束后，活动还会延续。

这种结构操作性强，建构经验延续，围绕同一内容综合了各种活动，不管喜欢动的还是喜欢静的孩子，都能够对内容产生兴趣。而且，孩子在这个过程中学会分阶段进行计划，每一周也有作品让家长和孩子交流。

当然，最理想的课程安排是把学科的内容和教材的内容都融进主题课程。但如果没办法做到这一点的话，就可以用主题作为课程的其中一条线，其他时间用来安排其他内容。至于是先安排主题还是先安排学科，就看幼儿园本身的情况了，如果幼儿园是以学科为主的，那就首先把一周的学科任务安排好，然后在空余时间安排主题课程，这样主题就侧重铺垫孩子的学习经验，补充学科教学的不足。

八、如何把主题课程和其他课程结合起来

中国没几所幼儿园能够完全不用分科教学，而只用“主题课程的活动”作为实施课程的手段，肯定多少都有一些英语课、数学课等必须使用专门教材的任务，这些确实很难跟主题课程结合在一起，除非能够做到中教、外教完全是幼儿园自己的，就采用一个课程，比如中教是主题为主，外教配合主题。大部分幼儿园没这个能力，甚至需要借助英语机构的老师。如果借助外面机构的英语教材或者是利用了中文教材，幼儿园就没法不用几套教材，那么主题怎么结合呢？只能用周来解决！在一周里，利用一个任务或者一个内容，比如让孩子理解苹果，或者做一张圣诞卡，以此作为主题的主线铺下去，其他时间段把教材内容放进去，这是一种方法。

另外一种是反过来以教材为主，先把没办法不上的英语课、数学课在一周排好以后，再用剩下的时间串联主题。这不是一个理想的状态，不过因为现在幼儿园的教学任务太多，只能这样做。

最理想的状态是一周围绕一个主题，多角度、多方位地实施，比如做一张圣诞卡，可以在美术活动做圣诞卡，也可以在语言区域里讨论圣诞卡的制作方法，也可以在数学教学中把相关内容加进去。要做到这一点，对老师的要求就很高了，比跟着教材走的老师要求要高很多。

还有一些幼儿园是用蒙氏课程的，蒙氏课程是一套结构严密的课程，它的设计非常科学，从课程策略、生活安排到学科教学都有独到之处。蒙氏课程有三个特点。第一，相信并让孩子成为学习的主体，在预设的环境让孩子自主学习、发展，由孩子自己决定最近发展区，不要求孩子们都一样；第二，采用幼儿教育幼儿的策略，混龄生活。蒙氏班每一年只有三分之一的新孩子，于是班里以前的孩子的正面能量(行为习惯)便可以熏陶新来的孩子；第三，有效利用教学工具，蒙氏教具是一套低结构材料，可以说它的操作其实就是一套针对性强且很有效的学科教学，利用这套教具，孩子的经验相对一致了，理解能力也接近了。而且利用固定统一的教具，老师便能够不断积累教学经验，以前的孩子也能够影响新来的孩子。

当然蒙氏课程的内容及目标要根据我国的实际情况进行调整，但蒙氏课程的框架结构确实能照顾到教育目标及学习目标所需。可惜的是，我国幼儿园的条件有限，不能完全实施蒙氏课程，首先蒙氏课程对教师的个人素质要求非常高，并不是会操作蒙氏教具便可以的，最重要的是要能够以个人魅力影响孩子，其次是社会环境的支持，蒙氏需要用社会环境和自然环境帮助促进孩子的创造性思维发展，但是我国大环境暂时还没有这个条件。所以，比较符合现实的做法是利用主题课程补充大环境的这种不足。

九、利用主题课程的周汇报改进家长的教育观念

总的来说，主题课程有以下优点：

- 主题课程的结构和设计主题网络的过程有助于培养孩子的思维模式，几乎只有主题课程能够做到这一点；
- 主题课程“内容延续性”的特点能够统一孩子们的学习经验，有利于解决学习能力差异的问题；

- 主题课程“教学手段多元化”的特点能够让孩子在有兴趣的领域重新学习其他无兴趣领域学不会的内容，用高智能的领域带动低智能的发展，促进多元智能的全面发展。

如果老师懂得利用周汇报，会发现主题课程还可以用来改进家长的教育观念。每周完成了小主题后，老师应该写一份周汇报给家长，说明任务背后的深层教育意义。以下是一所幼儿园老师写给家长的周汇报。

亲爱的家长：

在过去的一周里，您的孩子运用从学期初到现在所学到的阅读、听说、书写技能完成了一个“作品”，在使用这些技能的过程中，他体会到在学期初用心学习的重要性。当孩子“发现”了如何综合各种信息形成一个“新作品”时，我们是多么地兴奋。孩子们非常努力地学习，他们为自己的所做所为而骄傲。

他们的学习过程：

1. 每一名孩子选择一种自己想研究的动物。
2. 利用书籍、杂志、互联网等，查找有关这种动物的资料。
3. 将查找到的信息以打印、抄写、复印等方法保存下来。
4. 综合所有信息，用完整的句子在每一张记录卡纸上记录一个有关这种动物的知识点。
5. 每一名孩子把自己的记录卡分类、排序，并装订在一起。
6. 孩子使用编辑技能编辑一本有关该动物的活页书。
7. 在老师的协助下，孩子编写有关动物的故事。
8. 故事打印后装裱在黑色纸面上。
9. 最后孩子利用鞋盒制作立体透视作品，研究自然的六个元素：土地、空气、水、人类、植物和动物之间的关系。
10. 孩子用油墨、有颜色的胶水和废纸制作一个相关作品。

在老师的协助下，孩子用 Power Point 制作不少于五张幻灯片的报告，并将于本周末演示给您看。在整个过程中学会了用Goggle、Yahoo 等搜索引擎寻找网上资源，以及用网页的书签功能记下有关动物的网页。如果您需要孩子制作的 PowerPoint 副本，我们可以提供光盘。

所有作品展示在活动外的陈列架上，请和孩子一起讨论他们的作品。

×××老师上

通过这样的汇报，家长就能了解孩子所参与的活动背后的意义，慢慢地就能理解过程比结果重要的道理。

十、建立标准化的园本主题课程

虽然主题课程有不可取代的价值，但是运用它需要老师事前做大量的准备工作，例如寻找主题相关的数据、找材料及设计可以延伸的活动等，与分科教学相比，主题课程备课的工作量要多很多。所以，幼儿园应该标准化，建立标准化的园本主题课程，这样老师就不用每一次都重新准备相关的材料。

每一所幼儿园的社区环境、孩子背景、教育资源、教师情况、职工配备都不一样，所以就算两所幼儿园采用同一种课程模式，甚至是同样的教材，幼儿园都要根据园本特点调整课程目标、实施方法和评价方式，这便是园本课程，每一所幼儿园都应该有园本课程。

设计园本课程首先是建立课程结构，这部分可以参考陈鹤琴先生所说的，“第一阶段，以采用小单元编制为原则；第二阶段，除国语、算术外，采用大单元及活动中心的编制；第三阶段，除国语、算术外，采用活动中心的编制”，这就是幼儿园小班到小学低年级的课程结构。

在课程结构上，陈鹤琴曾提出三个具体的课程编制方法供参考。

- 圆周法：幼儿园每个年龄班预定的教育单元内容相同，研究的事物也相同，但所选教材的难度和分量应根据儿童年龄的不同而有所变化，各班要求由浅入深。例如同样是苹果的主题，小班研究颜色、形状、味道等，中班研究来源、种植等，大班则研究利用苹果的创造性方法。
- 直进法：就是将儿童生活中接触的事物，按照事物的性质和内容的深浅而分布在各个不同的年龄班中，如小班研究猫和狗，中班研究羊和牛，大班研究马和虎。即不同年龄班的课题和要求各不相同。
- 混合法：就是在编制课程的时候，以上两种方法均可采用，即课题和要求有相同或不同。混合法是编制课程时采用最多的一种方法。

建立了课程结构后就要建立园本主题。和外国幼儿园不同，我国的幼儿园是一个小社会，从厨房到游乐场一应俱全，所以可供研究的内容很多，厨师的工作、大型玩具的测量及改善等都是可以做的主题。在园内寻找主题的好处很多，首先是内容就在身边，直观性强；其次是安全，在幼儿园内进行活动相对来说是最安全的；再者成本较低，无需额外的资源；最后是活动和生活相结合，孩子随时都可以研究。在寻找主题时，从园内开始，遵循从近到远的原则，利用幼儿园的特点作为主题课程的资源，基本上就是园本主题课程。

最后就是建立备课体系，我国幼儿教师通常缺少扩散思维的训练，在设计主题的内容时，我一般要求老师做好主题的思考准备，于是便产生了主题思考网络。做主题思考网络其实是备课和专业成长的一部分，因为老师进行活动时有很大的随机性，如果没有充分的思考准备是不可能有随机性的。所谓随机性是建立在大量的预想基础之上的，有了大量的预想，老师才有随机应变的能力，才能够随着孩子的反应而生成新的内容。当这种经验积累到一定程度后，老师便无需预想也能够随着孩子的反应生成新的内容。

做主题思考网络时，最好是集体备课，共同进行大脑风暴（Brain Storm），想到任何相关的信息都写下来，然后系统分类，这个分类工作非常关键，用什么作为分类标准直接影响以后的思路，同时这种分类对孩子也是一种隐性教育，能培养孩子清晰的思维能力。

通过以上三个步骤，幼儿园就可以建立标准化的园本主题课程。

(关于陈鹤琴先生的资料来源：《创建中国化、科学化的现代幼儿教育》——陈鹤琴)

第七章

生活环节的“教育加工”，可能是终极的教育方法

要体现幼儿园老师的核心价值，即中小学、大学老师都不可以取代的价值，就要掌握生活中的教育元素！

幼儿阶段是“塑造”的黄金时期，每一个老师都知道不可能以教学活动完成“塑造”这个任务，“塑造”只能在生活中实现。那怎样才能实现呢？这一章我们一起探讨这个问题。

一、什么是幼儿教育不可取代的核心价值

幼儿教育为什么重要，它为什么是小学教育、中学教育和大学教育取代不了的呢？幼儿教育独特的、不可取代的价值是“幼儿不会识别与选择该学、不该学的内容，身边所有环境的影响都是他们学习的内容”，过了这个阶段孩子就不一样了，就不一定受身边的环境影响。比如，大多数国家的人在麦当劳吃完快餐以后都是自己收拾，只有少数国家的麦当劳需要聘人收拾垃圾，我们国家就是其中之一。孩子如果在美国生活，在美国麦当劳进餐，进餐后就会很自然地收拾垃圾；假如一个孩子在中国长大，在中国麦当劳进餐，吃完以后顺理成章就可以不管桌子上的垃圾，这就是环境的影响。假如孩子在美国出生，已经受到当地习惯先入为主的影响了，以后再到中国旅行，基本就不会再受这里的环境影响了。所以幼儿教育的独特价值就是能够比较容易地塑造孩子的素质。

对每一个人来说这种“塑造”都很重要，因为幼儿期形成的是一个人对这个世界先入为主的第一印象。如果老师对孩子说“小朋友，惨了，今天天气不好，又不能出去了”，第二天又说“惨了，今天太阳太大，出去很容易晒伤”，第三天说“小朋友，真惨，今天老师差点迟到”，那以后孩子遇到什么事，第一反应就是悲观的想法——“惨了”。这些影响就体现了幼儿教育的核心价值。心态对孩子重要不重要？我认为很重要，因为决定人命运的其实就是这种心态取向。要是老师天天说“小朋友，多好，今天下雨了，我们可以欣赏雨景”，“小朋友，今天出太阳了，我们可以在太阳底下享受温暖的阳光了”。同样的事情，一种是悲观的心态，一种是乐观的心态，这就影响孩子一生的心态取向。所以，幼儿教育非常重要，因为是环境在塑造孩子的价值取向、性格取向、对人对事的态度等可能影响一生的内在素质。

比如说班里有孩子打人，一个老师听到就说“谁打人？出来，你怎么打人？打人是不对的，打人多痛啊，你再打人到时候我就罚你”，要是换另外一个老师说“他打人啊？我们知道他其实不想打的，我们一起来抱抱他，让他知道他其实是想抱我们”，一种是以暴治暴，一种是以爱和包容解决问题。我们知道，爱能够改变一个人，这两种方法教育出来的孩子就会完全不一样。

再举一个例子，要是老师每天都在吃饭前跟小朋友说“今天吃饭，我们要感谢谁啊？我们要感谢厨师，他好辛苦的，早上5点钟就起来做饭，我们才有早餐吃。你们看做这么多人的饭多难啊，而且夏天厨房还特别热呢，还有……”，孩子在这些生活细节中就能学会感恩。

如果我说这些细节决定了人一生的命运，应该不算夸张，这些细节就是生活中的教育元素，也是幼儿教育的核心价值所在。

二、只有生活中的教育元素才能够体现幼儿教育的核心价值

如今我们中国的幼儿园背负着一个传统的包袱，那就是小学化的教学模式，由此导致国家的课程改革推行多年也没多大进展。2009年温家宝总理在教师节发表了一篇讲话，提到了他去北京某中学听课。我想总理去听课，这些课肯定是准备得相当好的了。听了五节课，温家宝说大部分课都很好，但是“中国的教育太落后了”。我认为总理的话背后的意思是说课再好也代替不了教育。

温家宝说我们中国发展很快，也培养出很多人才，不过我们培养出来的人才都是知识丰富、能力一般、素质一般、创新能力低下。然后他又引用了钱学森的话，他说每一次去拜访钱学森，钱学森都不会跟他讨论科研的问题，他说我们国家科研做得很好，他并不担心，钱学森每次跟温家宝讲的都是教育问题，为什么我们教不出有新能力、高素质的人？总理最后总结，是因为我们国家的教育不敢打破传统，不敢突破传统，故步自封。

大部分老师都知道《纲要》的精神，但为什么就像温家宝说的，我们这么多年还是原地踏步呢？因为现在大部分幼儿园提供给孩子的教育根本不符合《纲要》精神！这些可不是老师的问题，大部分幼儿园老师都在努力工作，可惜我国幼儿园的课程模式还是摆脱不了传统的模式，方向不正确，没有体现幼儿教育的核心价值，所以老师再努力也是白费精力。幼儿教育的核心价值是塑造孩子，塑造孩子的行为习惯、能力、价值观，这些是没办法通过上课完成的，只能通过“长期固定的生活

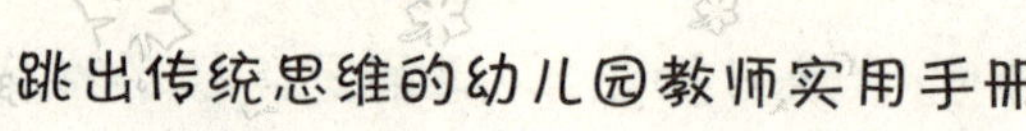

模式”来培养。所以幼儿教育要有重大突破，就要打破传统的思维模式，调整课程的方向。打破传统思维模式不是标奇立异，而是要建立在科学的幼儿心理学、教育学的基础上，在幼儿园建立有价值的“长期固定的生活模式”，这才是一种能够有效体现幼儿教育核心价值的手段。

老师应该思考如何为平时的生活环节进行“教育加工”，即在生活环节里设计一些能够产生教育价值的细节，所谓“能够产生教育价值”就是能为孩子提供有价值的经验。然后，指导孩子在较长的一段时间里按照这些细节来做。这就是建立有价值的“长期固定的生活模式”，也就是系统化生活中的教育元素。

三、做好现代孟母角色，设计好生活中的教育元素

有没有系统的、可操作的方法设计“生活中的教育元素”呢？我们首先反思现在的课程架构是否符合孩子的需要。我认为现在的课程模式并不符合幼儿教育的核心价值观，我以老师的备课为例来说明我的理由。绝大部分幼儿园老师备课时都在备上的那节课（教学活动），老师把大部分精力放在这上面并没有太大意义，就像上文说的，幼儿教育最有价值、对孩子产生最大影响的是长时间固定生活模式的“塑造”。但教学活动是幼儿园教育一直放不下的包袱，为什么放不下呢？因为从前我国幼儿园教育深受俄罗斯的影响，俄罗斯是学科教育，以上课模式体现教育，所以不管引进了什么新课程模式，这个传统的包袱一直放不下，换汤不换药。

我认为我们的备课模式要做一个调整，这是关键点，能够让老师重新专注幼儿教育的核心价值。目前这种备课模式不但对孩子没价值，对老师也没价值，因为它错误引导了老师思维的方向，老师花精力的方向不是孩子需要的方向，所以也不能促进自身的专业成长。

我认为老师应该把部分精力用在设计生活里有价值的模式上，这些模式就像一个“模具”，通过这些“模具”塑造孩子的行为习惯、价值观等素质。可能有些老师会问“为什么没有听说国外的课程有这样做的”，因为我国近年的发展是阶梯式的飞跃，就像通信系统跳过了很多国外经历过的阶段，直接就到了光纤科技一样，教育也没有经过社会的沉淀就要求培养新时代的人才，社会整体素质跟不上，于是只好采用这种本土化的方法。

如何设计生活里有价值的模式呢？很多有经验的老师以前也做过，但大都没有系统地做。举个例子，很多老师都有安排值日生的任务，问题是在细节的安排上未能清楚地体现教育价值。假如老师认为这个班的孩子需要增加归属感，让每一个孩子觉得自己是班里有用的人，老师就可以设计一个值日生值班表，每个孩子都有机会当值日生，每个孩子都知道自己什么时候担当值日生。然后做一个值日生的上岗培训，要求孩子在当值日生之前先观察之前的两个值日生，向他们学习，记录他们是怎么做的，什么方面值得学习。当天完成值日生任务的孩子则需要反思下次再做值日生时，哪些环节可以做得更好。

如果老师的值日生安排能够做到我讲的那样，带给孩子的价值就会大大提高。孩子在这个过程中能学会向别的孩子学习，同时学会自我反思，让孩子觉得自己是一个有用的人。类似这种值日生安排的细节就是生活备课，生活备课不是为老师增加额外的工作量，而是把原来的工作做得更细，体现出教育价值。

我国古代孟母三迁就充分体现了目标清晰的生活教育计划，幼儿老师应该把自己想象为现代版的孟母，为孩子设计好生活中教育元素。

四、如何为孩子做好塑造前的心理准备

老师可以把这种系统、有目的的生活安排想象为模具，但让孩子成功地“被塑造”还要具备两个条件，首先孩子的心理状态要符合“被塑造”的要求，心理状态是放松的，没有受支配感，对这个环境的感觉是安全的。其次，孩子不会受到相反的外部环境影响，例如老师教孩子要用爱与包容待人，但是社会上的环境，如电影、父母等却教导孩子要以牙还牙，这就不行。

所以，老师的第一个任务就是让孩子有安全感，让孩子感到安全的基本条件就是要让每一个孩子有一个喜欢的老师。要做到这点，在我国大班额的情况下就需要班里所有老师的配合，分工合作，还要考虑到孩子的均衡发展。比如，班里有 3 名老师和 30 名孩子，每一名老师负责和 10 名孩子建立亲密关系，比如苏老师跟这 10 名孩子关系好，那另外 20 个孩子就不用苏老师充当引导的角色，因为那 20 个孩子是另外两个老师负责引导的，所以这 20 个孩子苏老师可以直接批评，孩子被批评后就会找亲密的老师哭诉，亲密的老师就要引导他。为什么要这样安排呢？假如孩子在幼儿园里，所有人都呵护他，从来没有人责备他，没有人说他不对，这个孩子到小学、到社会后还能不能接受别人的批评

呢？反之，如果这个孩子在幼儿园里到处被人批评，批评以后又没有人加以引导，这可不是教育了，而是受罪！所以孩子在幼儿园里应该有一个老师和他很亲密，这个老师会不断帮他整合经验，引导他用正确的角度理解来自其他老师、其他孩子的经历。但是这个老师需要掌握引导孩子的正确方法。如果孩子跟老师说“苏老师，蔡老师说我刚才吃饭吃得慢”，苏老师说“你活该，谁让你吃饭吃得慢”，孩子就受打击了，如果苏老师说“蔡老师不对，蔡老师不应该批评你”，这样也不对。苏老师应该首先关心孩子的感受，然后引导孩子正确理解这件事情。

然后就要让孩子感觉到被尊重，老师要尊重孩子。什么是尊重别人？简单地说就是要考虑到别人的感受。有一次我去一所幼儿园看一个孩子，因为孩子妈妈告诉我这个孩子好像有问题。我告诉老师我准备去看他们班里的孩子，让他不要影响孩子。结果让我很生气的是，我一进到班里，老师就指着孩子说：“蔡老师，就是他，他就是你要看的孩子，你看看他是不是有问题？”这样一说，没问题都变成有问题了，老师没有考虑到孩子的感受，就是不尊重孩子。

具备了这些条件，孩子就可以“被塑造”了。

五、如何处理家庭教育和幼儿园教育不一致的问题

如果孩子受到与幼儿园教育完全相反的影响该如何处理呢？老师可以采用“角色转移法”。曾有一名孩子因为在家里没有养成好习惯，在班里不听话，调皮得不得了，整天走来走去，也不睡觉，我教老师告诉孩子“你是小一班的某某，不是家里的某某，你来到班里就是小一班的某某，小一班的某某是很乖的”（别说他在班里不乖），“来到幼儿园就会变成小一班很有本领的某某，这个很有本领的某某睡觉很安静、很乖”。我跟老师说一个礼拜就能见效，后来，她果然说“蔡老师好厉害啊，一讲就不一样了，那个孩子不睡觉，我说你是不是我们班里的大哥哥，很有本事啊，他就乖乖地躺下睡觉了”。这就是角色转换，让孩子不再受家里的影响。老师要塑造一个孩子之前，要懂得用这个方法帮助孩子摆脱不良环境的影响。让他在幼儿园有心理安全感，重新在幼儿园建立价值观。

“角色转移法”不但能够解决外部不良环境的影响，还能够促使孩子往正确的方向发展。曾有一个中班的孩子不喜欢穿园服，说园服不漂亮，后来我教孩子的妈妈问孩子：“你是不是中二班的？你喜欢中二班吗？”问完孩子二话不说，穿上园服就上幼儿园了。这就是提醒孩子进行身份转换。

有的老师担心这样会不会对孩子产生不良影响，答案是不会。因为每一个人其实都具备不同的角色，而且应该懂得转换，不管在单位是多么高级的领导，回到家对着孩子就是父母的角色，不能用单位的身份与孩子相处。事实是很多领导就没有这种心态，下班了或者出去旅游没有把角色转换过来，结果就大出洋相！拥有角色转换心态的人就明白，自身的角色是和环境挂钩的，在不同的环境就有不同的角色，自身的行为也要随之而改变。这种心态多少体现了个人的素质，所以在幼儿阶段培养这种心态是对孩子有价值的。

当然，有些老师在公开课时对孩子很温柔，平时的态度则大不相同，这些行为就是不对的，对孩子会有不良影响。老师对孩子的态度必须稳定，不能因为情绪或者环境而改变对孩子的态度，改变对相同事情的处理方法。这样也会严重挫伤孩子的安全感。

六、什么是“生活中的隐性教育元素”

老师是最重要的“生活中的隐性教育元素”。俗语说“言传不如身教”，所以传统的幼儿师范非常重视师德教育。身教是老师通过自己不断提高、改进个人素质，用自身的能量影响孩子。要发挥老师隐性教育的功能，首先老师在孩子面前的言行举止、对孩子的态度和方法要固定，不能够因为情绪或其他原因而变化。除了自身的行为要固定，一个班的老师还应该分工清楚，比如 3 个老师面对 30 个孩子，应该每人负责 10 个孩子，特别是小班，固定的老师负责固定的孩子，让孩子在固定的老师身上得到清楚的信息，不要今天这个孩子哭这个老师过来，明天同样还是这个孩子哭，结果另外一个老师走过来，这样孩子就会感到无所适从，不知道怎么理解老师的指示或教导。当然，到了中大班可以相对丰富孩子对不同老师的经验，“从少到多”是幼教的永恒定律。建立了固定的“老师环境”后，就要提高老师个人的素质，下面我们深入探讨一下这个问题。

根据我的经验，每一个教室环境的细节其实就体现了三个老师的综合素质，也正是这些细节在塑造孩子。如果一个老师教学教得很好，不过个人素质不怎么样，而另外一个老师专业不怎么样，但是生活有条有理的。我想不管第一个老师给孩子们上的课有多好，孩子们都会受到老师不良素质的影响。另一个老师可能上课不是

很好，不过她跟孩子们生活在一起，孩子们就会受到老师优良素质的影响。所以老师设计“生活中的教育元素”的第一步是反思自己，自找不足。

反思是什么？老师每天的工作反思就建立在这个问题上：“假如今天的工作能够重新来一次，我会如何调整，让今天的工作做得更好?”这就是反思，要是老师每一天都能够花五分钟反思，老师的进步就会很快。假如反思后老师发觉有一些行为习惯是没办法改变的，比如没办法改自己焦急的脾气，老师就要跟班里的团队配合，扬长避短，在孩子面前尽量把缺点收起来，因为老师在孩子面前的言行举止对孩子的影响很大，孩子会以老师为榜样。反思的另外一个作用是选择合适的人做合适的事，简单地讲就是合理分工。试想，假如中班有孩子抢玩具、打人，有两个老师，一个脾气火暴，一个温和，让谁处理会更好呢?

所以，要好好发挥老师在生活中的隐性教育作用。

七、如何在备课中系统地体现“生活中的教育元素”

除了老师素质这个隐性元素外，老师还要设计具体的“生活中的教育元素”，我把这个过程叫做“教育加工”。一般可以在学期计划中进行这些设计，因为“生活中的教育元素”主要是通过长期固定的生活模式塑造孩子，所以在学期计划里设计后，整个学期都按照这种模式进行，那么这个学期基本上就能保证实现教育的核心价值，至少按照这种模式生活出来的孩子的素质都能达到学期目标。就像是两个家庭，一个家庭天天打架、吵架，生活没规律，爸爸酗酒、打孩子，另一个家庭讲话礼貌、文明，能温和地解决问题，假如孩子原来在打人的家庭生活，现在换到有文化、有水平的家庭生活，孩子就会发生很大的变化。

设计具体的“生活中的教育元素”的原则是：第一，先想目标，再想方法。老师首先要根据孩子的需要制定目标，然后根据目标设计相应的生活元素；第二，过程比结果重要。体现教育的是过程中的细节，就像我上文举的值日生的例子，老师不需要增加环节，而应该调整原有环节中的细节来体现教育价值。

设计具体的“生活中的教育元素”的策略是：

(一) 孩子能做的就让孩子做

在处理生活中的问题时，老师的身份对孩子的心理暗示是孩子要服从老师的指示，孩子可能要揣摩老师，但孩子对孩子的影响就不同，因为是同样的辈分，互相能够争论，也容易内化。就好比是领导跟你说你这样做不对，你心里肯定不服气，不过也会服从，但一个老朋友过来跟你说同样的话，你就比较容易接受。不同角色对受教人产生的作用是不一样的，所以孩子能做的就让孩子去做，让孩子影响孩子。

（二）建立家庭教育里的生活教育元素

我认为建立家庭的生活教育元素甚至比幼儿园的更有价值，不但是对常规、素质教育有用，而且生活中的安排完全可以扩展到知识的培养等方面。举个例子，老师可以给家长安排周末的任务，中大班家长每个周末都要帮助孩子丰富在生活中使用金钱的经验。比如每周出去消费时让孩子做预算，去哪里吃什么，先给他50元，孩子做好预算再点餐，然后父母记录下来交给老师。也可以带孩子玩“寻找字宝宝”的游戏，家长不用教新字，只是让孩子在生活中找自己认识的字，这样就可以丰富孩子的认字经验。所以，固定的规律不仅能够培养孩子的素质，还能够帮助老师传递知识给孩子，要是老师上数学课之前要求家长连续一个月在生活中给孩子铺垫数学经验，老师再上起来就会轻松很多。

刚开始做这样的学期计划对老师是一种挑战，所以要多参考别人的案例，多跟别人讨论。假如幼儿园的老师都这样做学期计划，很快就能够积累很多标准的公用的园本案例，就会越来越轻松。

八、正确建立常规，可能是最重要的生活教育之一

每一个老师对生活中的教育元素都会有不同的侧重点，但我认为正确建立常规，应该是大部分老师都要关注的元素。

一般老师认为，建立常规的意义可能是让孩子服从你，听你的指令。最基本的常规要求是让孩子学会听老师的集中指令，可以是摇铃、弹琴或是举手，只要老师发出信号，所有孩子都会根据老师的要求，立即集中到老师身边。其实常规的真正意义比这丰富得多，可以说幼儿园的班级常规培养是建立和谐社会的基础。

我们现在说要建立和谐社会，其实建立和谐社会从幼儿园班级常规入手是最有效的。因为建立班级常规的意义是让孩子知道班里要建立一些规则，有了这些规则以后大家才有一个更安全、更熟悉的群体环境。到了中、大班，老师在开学第一周就可以跟孩子开展一次关于建立规则的集体谈话，老师首先问孩子知不知道规则是什么，然后总结，规则就是规定一些大家都要遵守的要求。最后讲一下为什么要有

规则，让孩子知道建立规则是要让大家的群体生活环境更安全、更舒适。

要让孩子理解常规肯定要举很多生活中的例子，比如我们开车为什么要靠右边，不能靠左边，因为要是别人靠右你靠左就容易撞车，孩子知道为什么要有规则后就可以一起思考设计规则。例如，为了避免身体受伤，能不能在班里跑动？不能，跑动就会容易撞到；能不能打人？不能，会让别人受伤。除了身体安全以外，我们要不要照顾到别人的感受？要不要注意语言可能会伤害到别人的感受？能不能讲一些让别人不舒服的话？答案都是不能。我估计全中国没几个老师知道常规的另一层意义是促进孩子心理健康发展。常规有显性的，就是身体安全、服从老师的指令等，还有隐性的，就是心理健康，让孩子知道不能做伤害别人感受的事情，这样常规教育的第一部分工作就过关了。

接下来，老师要教孩子建立常规的两大原则，比如说开车，究竟靠左边好，还是靠右边好呢，这是没有标准答案的，如果出现意见不一样的情况，应该根据什么原则作出决定呢？那就是投票，少数服从多数，这是民主精神的第一条。第二条是假如你觉得应该靠左，最后 10 个人投票，有 9 个人说靠右，只有你说靠左，你要不要接受？当然要接受，还要全力支持，这就是建立常规的第二个原则——即便你不同意，最终投票出来的结果不是你认可的，你也得全力支持。要是全中国幼儿园的老师在常规教育都能够做到这样的程度，和谐社会就建立起来了。

常规对孩子的一生很重要，能做到这些，以后进入社会就会积极、平和，就会健康、开心，面对挫折也会以平常心对待。所以我认为正确建立常规，可能是最重要的生活教育之一。

九、一些案例，可以参考，但请勿不加以思考地拿来就用

我用幼儿园一般都有的环节来区分这些案例，我认为幼儿园的老师都是很聪明的，看了之后能举一反三，设计出更好的方法。要注意的是不要盲目设计，要紧扣教育目标。

- 点名环节

第一，点名时，被点到的孩子要做出代表现在情绪的表情，老师在这个过程中适当指导，引导孩子互相关注。适合小班感知情绪，关心别人的情绪。

第二，用数学的要求来点名，如用双数点名等。适合中大班复习数学。

● 晨谈活动

天气报告员：孩子轮流报告天气，这样可以促进孩子注意有用的信息——天气预报，还可以让孩子用英语报告天气。

● 值日生安排

上文已经说过。但是值日生的安排千变万化，老师要好好利用。

● 餐前活动

上文也说过。还可以让孩子猜一猜吃什么以引发食欲。

● 餐后活动

卫生小先锋：老师准备几条漂亮的抹布，把参与卫生工作作为奖励，激励吃饭表现好的孩子。老师也可以奖励吃饭给有进步的孩子。

● 户外活动

混班、混龄分区活动：这是我最喜欢的方式之一，到了户外，每一个老师固定在一个区域，如玩沙区，大的区域如大型设备区，可以在盲点增加 1~2 个老师。区域要相对封闭起来，即只有一个进出口。每一个区域限制人数，孩子自愿进区。这种方式能带来很多好处，首先孩子有自选的权利，于是参与性提高；然后可以丰富孩子与不同孩子、老师交往的经验；最后可以让老师不断积累某一类游戏经验而成为该类游戏专家。当然老师要照顾到孩子的全面发展，孩子不喜欢换区域，就要加以引导。

● 等待离园环节

考考你：等待离园的活动安排最好是相对安静的，不用材料的。孩子分组等待离园轮流出题目考大家，题目的内容可以是周末老师布置的。这样就可以让孩子在游戏中丰富知识。

十、应用生活中教育元素的实例

取自厦门一幼老师的反思日记。

记得蔡老师在培训中说过，让孩子表扬同伴，效果往往比老师表扬还要好。老师说很多次，孩子就是不改正，而换成小朋友去说立刻就见效。这句话给我的印象很深，我后来通过应用发现效果确实很好。

我们班每周五下午有一个“每周之星”的评选活动，老师根据孩子的表现选出一周之星。听了蔡老师的培训后，我决定调整一下，让孩子自己选本周之星。

活动上，我让孩子们说一说自己觉得谁可以得到每周之星的小奖励，为什么。孩子们纷纷举手发言。嘉嘉首先说我觉得扬扬可以得小五角星，我问他为什么，他说因为她上课表现好，而且睡觉也很好，所以我觉得她可以得到五角星。接着小妤也起来说我觉得小宣也可以得五角星，因为小宣学儿歌很棒……孩子们都说出了自己心目中可以得到五角星的人。

后来小辰说他觉得自己也可以得到五角星，我就问他为什么，他说他觉得自己进步了，他会好好做的。小辰的话引起了孩子们的讨论，有的说小辰不应该得到五角星，因为他睡觉不够好，也有的说小辰上课时老往后面转，还有的说小辰现在有进步了，昨天老师还表扬他了呢。经过谈论，孩子们最终决定把五角星奖给小辰。小辰很开心，这种开心和平时得到老师表扬的开心明显不一样，他还说他会继续进步的，“老师你要相信我”。接下来的一周小辰的转变虽然没有太迅速，但看得出来他在很认真地改正，至少睡觉起来已经不再哭闹了！

第八章

从观察记录，到制定个性化教育计划

观察记录和评价孩子的标准五花八门，关键是老师要懂得选择、设计适合自己的观察记录方法。

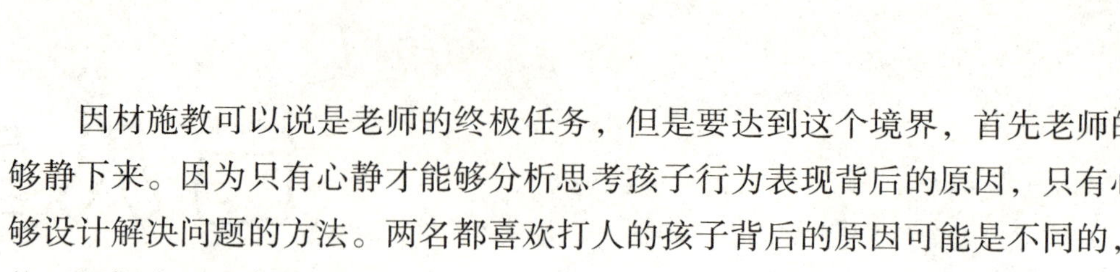

因材施教可以说是老师的终极任务，但是要达到这个境界，首先老师的心要能够静下来。因为只有心静才能够分析思考孩子行为表现背后的原因，只有心静才能够设计解决问题的方法。两名都喜欢打人的孩子背后的原因可能是不同的，所以不能只根据表面现象处理。

在我国幼儿园班额大、老师杂事多、教学任务重的情况下，要做到因材施并不容易。我的经验是，老师首先必须掌握间接指导的方法，否则就会吃力不讨好。另外，老师还需要和班里的其他老师做好分工，商定有规律的观察记录和制定个性化教育计划的时间安排表，同时选择合适的观察记录方法。这些都准备好了，就可以开始尝试实施了。

做观察记录和设计个性化教育计划两者是相关联的，如果做了观察记录后没有把记录用于工作，那记录就白做了。反过来，如果没有观察记录做依据，教育计划就是无的放矢。

在这一章我还会介绍一套我自己设计的个性化教育系统，老师可以根据自身的情况参考设计一套适合自己的系统。

一、为什么要观察孩子

医生为病人诊断时首先要为病人做检查，然后根据检查结果确定治疗方案。老师观察孩子就相当于医生为病人做检查，这是一种了解孩子的方法，而幼儿成长档案就相当于病历本，记录了过去的情况，以便将现在和过去的情况进行对照。

只有客观地观察孩子，老师才能够掌握有用的资料，进而设计最有效的教育方案。教育方案指的是“教什么，怎样教”，用医生的话就是对症下药。和医生做检查一样，老师观察孩子的原则也是从粗到细。

以前的人只有身体出现问题时才去看医生，现在社会进步了，大部分人都会定期体检，防患于未然。同样的道理，客观条件不足的老师可以只针对明显有问题的孩子进行观察，条件比较充裕的则可以开展全班孩子的观察工作。这里说的客观条件包括了老师的数量、专业水平、工作时间的安排、教学任务等。根据我的经验，现在老师的具体做法可以分为以下几种。

（一）建立基本的幼儿成长档案

这应该是最初级的层次，相信大部分老师首先都会经历这个阶段。在这个阶段，老师为每一个孩子准备一个活页本，然后按照时间顺序把孩子的一些作品、活动照片和测评表等放进去，这样就算完成了最基本的幼儿成长档案。要注意的是，老师要选择孩子“转折点”上的物品，即通过这个物品能够体现孩子明显的变化，例如孩子原来只用黑色蜡笔绘画，现在能用多种颜色，用多种颜色的第一幅作品就应该收纳到档案里。所有物品都要有日期和老师的点评语，点评语可以是孩子的进步，也可以是孩子前后作品的对比分析。这种档案能够给老师和父母提供孩子最基本的成长资料。

（二）每学期为每一个孩子做1～2次的活动记录档案

基本上与上一种做法的道理一样，只是老师为每一个孩子做一个完整的活动过程的观察记录，例如孩子在建构区里与别的孩子合作进行建构活动，过程中体现了孩子的空间能力、语言能力、社会交往能力等，老师便把这些记录下来并加以点评。与成长档案不同的是，这种记录是描述与分析孩子在一个活动过程中的综合能力，系统性比较强，对老师能力的要求较高。除了描述孩子活动的细节，分析这些细节背后的教育意义，还要告诉老师或父母如何为孩子设计下一步的教育计划。

（三）针对明显有问题的孩子进行观察

明显有问题的孩子一般是行为或者学习方面有问题，老师首先借助平时活动的观察，察觉出明显有问题的孩子，例如不合群的孩子。然后，针对这名孩子的具体问题进行观察记录，例如观察孩子在不同环节中的合群性，充分收集资料以便分析。老师还可以为这名孩子设计特定的环境进行观察，如一名中班孩子不和别的孩子交往，老师就可以设计让小班孩子和这名孩子进行角色游戏，这样就可以收集更多的资料。要注意的是，这种观察方法很容易受到老师主观意见的影响，往往老师会注意那些动态的问题，例如攻击性行为，而忽视了那些静态的问题，例如交往能力偏低、害羞、退缩等。建议班里的老师多交换意见。

（四）全面的观察记录，为每一名孩子设计个性化教育计划

这种方式的工作量相当大，基本上老师要为每一名孩子找出自身相对较差的发展领域，然后针对这个领域设计个性化的教育计划。也就是说就算这名孩子已经是班里的尖子，所有能力都已经是班里最好的，但他自己的各项能力相比较，比较差的那项仍需要提高，上不封顶。由于幼儿园班额很大，这种观察方法必然要求老师

有系统的安排。

二、哪些观察记录方法比较有效

观察记录的方法有很多种，但我认为对幼儿园老师来说，掌握以下三种方法就足够了。

（一）实时观察记录法

这种方法是用文字进行记录，不加任何评语，只是以流水账的方式记录孩子的活动，例如“小明走到小强面前，把手里的积木块递给小强”。这种记录方法的主要作用是提供客观全面的资料，便于其他老师参与分析。接着刚才的例子，“小强拿到这积木后走到小慧面前，把手里的积木块递给小慧”，要是没有完整的记录，其他老师就可能不知道小强是在模仿小明。当然老师在记录时取舍哪一个片段也是有主观性的，为了减少经验不足的老师记录时的主观因素影响，我一般要求新手老师只专注记录一名孩子。

（二）量表式观察记录法

这种方法主要是在评价表格上做记录，例如“能够用小绳子串上珠子（能 / 不能）”，有了这些量化的记录，老师就比较容易客观分析孩子的水平。但要注意的是，不要把这些标准当成是锻炼和考核，应该理解每一项评量背后的意义，例如“能够用小绳子串上珠子（能 / 不能）”的意义是从某一方面了解孩子的小肌肉发展的情况，它并不等同于小肌肉的发展，要是老师只为了这个评量标准而训练孩子，孩子就只能发展串珠子的能力而非全面的小肌肉能力。还有些老师会把这种方法与测评混为一谈，要知道两者最大的区别在于被观察记录的对象不知道自己被观察，记录的结果也只是供老师分析使用。而测评的对象是知道自己被测评的，而且结果往往是公开的。

（三）作品观察记录法

这种方法是记录孩子对自己作品的描述，作品可以是美劳作品、建构作品，也可以是角色游戏的玩具摆放造型、情境。假如是不能够保留的，如建构作品，老师就应该拍照记录。这种记录方法最重要的部分是孩子对作品的描述，所以老师的引导提问要有技巧，要适当地运用各种提问方式，如扩散式、凝聚式、假设性的提问等。通过这种观察记录方法，老师可以清晰地看到孩子在思维方面的变化，例如语言能力、数量概念等。

三、老师在做观察记录时要注意什么，在什么时机做观察记录最合适

老师进行观察时要注意以下几点。

（一）尽量避免孩子知道被观察

孩子是很敏感的，如果孩子知道自己受到注意，他的行为就不一定真实，也就没有代表性了，因为孩子往往会揣摩并迎合大人的意愿。老师可以坐远一点，让视线范围里有好几名孩子。有时候孩子会过去问老师在干什么，尤其是在老师拍照片的时候，老师可以回答孩子他是在为所有孩子写东西。

（二）做实时观察记录时，要实事实记

老师必须保证资料的客观真实性，因为它们往往是用作分析的重要资料。例如老师记录了“孩子 A 被孩子 B 用图书打了”，两天后老师记录“孩子 A 用图书打了孩子 B”，两件事之间的关系非常清楚。要是老师带了自己的看法，写“孩子 A 打人不对，应该要改正”，就会影响到其他人的分析。

（三）其他注意事项

每一次观察时要专注于单一的对象，不然老师会无所适从，要及时用照相机记录不可保留的作品，如建构区的作品。最后就是所有记录和用来作档案的作品必须有孩子的名字和记录的日期。

经常有老师问我应该在什么环境下做观察记录，我认为具体要根据老师观察记录的目标而定，一般建议在这些环节做观察记录。

★生活环节

生活环节能观察到孩子真实的能力表现，尤其是生活自理能力，因为在生活环节里孩子需要真实地照顾自己，无论是吃饭、穿衣服，还是上厕所都能体现孩子最基本的生活自理能力。所以，这是小班老师观察孩子的重要环境。

★区域活动环节

区域活动环节比较适合观察孩子的多元智能发展，在不同的区域活动里，孩子需要运用不同的技能和智能解决活动中发生的种种问题、处理人际关系。通过在不同区域的全面观察，老师就可以对孩子的多元智能发展情况有一个比较全面、客观的了解。

★户外活动环节

户外活动环节最适合观察孩子的社会交往能力，因为户外活动里孩子的社会交往需要较强，通过交往活动能够观察到孩子社会交往的水平。如果有条件，我认为最理想的是布置特定的混龄活动的户外环境。

★模拟环境观察记录法

最理想是有单向的镜子配合使用，具体做法是老师设计一个特定的环境观察孩子的行为表现，例如告诉孩子帮老师保管一个盒子，但不能够打开，然后观察孩子在老师离开之后有什么行为表现。老师可以利用区域活动，有目的地设计环境，然后观察不同孩子在特定环境中的表现。用这种方法观察特殊行为的孩子是很有用的。

四、要把观察记录用起来才有价值

做了观察记录就要把它们用到工作中，老师通过分析观察记录，为孩子设计教育计划。计划可以简单到只是调整老师对孩子的态度，也可以复杂到制定一套行为治疗的方案。以下是一个简单的例子。

每天实时记录

4月28日　　　　教师：______（动态评量）

重点观察对象：林××　　观察原因：喜欢故意捣蛋

时间/地点	观　察　记　录
9：30—9：45 数学区	林××进到美工区，美工区已经没有位置了，可还是有很多小朋友手拿材料站在一边。 我说："没有椅子了，就表示人已经满了，你们可以去别的区看看。"林××放下手中的材料，在一边站了一会儿，然后进了数学区，取出钓鱼玩具，钓了一条鱼，打开一个盒子，把鱼放进去，然后盖上盖子，放到另一张桌子上。 这时候奕彤也过去玩这个游戏。过了一会儿，林××拿了三条鱼跑到我身边，奕彤走过来告诉我："林××拿走了鱼，不给我玩。"林××把鱼递给我，并说："老师，给你。"我摇摇头表示不要。两个小朋友回到原来的座位上。 逸凡走过来，也来玩钓鱼。林××放下手中的鱼，看见黄楠在一边玩图卡，他很快拿了一张跑到我身边说："老师，给你。"黄楠一边叫一边抢过去。林××在一边站了一会儿，又走到奕彤身边说："这条鱼多少钱？"奕彤说8块钱，并递给林××一条鱼。林××继续问："这条黄色的多少钱？"奕彤又拿了一条鱼给林××。林××又拿了一个盒子玩，然后很快又拿走一条鱼，接着又拿走一个盒子，逸凡一把抢回盒子。过一会儿林××又把鱼还给奕彤。接着指着一条鱼问奕彤："几块钱？""4块。"林××接过鱼说："我要带回家。"然后他拿着鱼跑到另一个区域坐下了。

（续）

分析及改进计划：
林××的身体不是很好，经常不来园。父母没时间，主要由奶奶带他。每次来园都会和奶奶依依不舍，但进了活动室后引起老师的注意就会很开心。 通过今天的观察记录，我发现他很希望引起老师的注意。我分析是由于他缺少父母关爱的缘故。 下周老师可以和他父母谈一谈，另外老师可以尝试用冷处理方法对待他的不正确行为，然后找一个比较成熟的孩子和他交朋友。假如效果不明显，再采用行为改正的方法。

通过以上实时观察记录法的例子，老师可以看到观察记录和设计教育计划两者之间的关系。和父母交流时候，这些观察记录就是有用的资料,可以清楚地说明孩子的情况。

五、将量表式的观察结果运用到教育计划的设计中

量表式的评量关键点是量表的可量化性，以下是我设计的科学能力评估表格，老师可以参考里面的内容，举一反三，设计其他领域的表格。

达标性科学能力评估表格

项　目	行　为　指　标	能够/不能够
观察能力及语言智能	1. 能够注意周围事物的颜色和形状，并能有条理地描述。	
	2. 能够模拟周围事物的颜色和形状并能有条理地描述。	
	3. 能够注意到身边事物的变化，例如落叶、身体的变化，能进一步找出之间的规律。	
	4. 能够注意周围事物的物理特征并能描述，例如大小、轻重、软硬等。	
	5. 能够注意周围事物的功能特征并能加以模仿，例如各种车辆，包括消防车、警车等。	
模仿能力及社会智能	1. 能够模仿实物组合出相同的作品。	
	2. 能够凭记忆重新组合作品。	
	3. 能够根据老师的描述组合作品。	

（续）

项　　目	行　为　指　标	能够/不能够
模仿能力及社会智能	4. 能够关注作品的主要特征，重现具有相同特征的作品。	
	5. 能够模仿作品的功能，重现具有相同功能的作品。	
	6. 能够结合多种作品的特征，重现具有综合性特征的作品。	
测量能力及空间智能	1. 掌握基本的分类及排序，能够按照要求、根据对象的特点分类或排序。	
	2. 掌握简单的测量概念，在活动中会有效使用，例如多/少、昨天/明天、空/满。	
	3. 能使用非标准测量工具作测量比较，例如绳子、杯子等。	
	4. 能使用正规的测量工具作测量比较，例如天秤、量尺等。	
	5. 能使用平面矩阵说明位置。	
	6. 能使用立体矩阵说明位置。	
预测及计划能力	1. 掌握对象守恒概念，看不见的也存在。	
	2. 掌握因果的关系：因为……所以……	
	3. 能够借助已有经验，预测同样的现象。	
实验能力及肢体智能	1. 能够有效运用双手完成预想的作品，小手指的灵活性有明显提高。	
	2. 能运用工具协助完成作品，例如小刀、牙签、活页夹。	
	3. 能把一个复杂的工作分成几个较简单的工作。	
	4. 能为实验所需作好准备。	
	5. 能为调整环境元素作出多次尝试。	
记录及推理能力	1. 能够描述实验过程，说出关键元素，如因为它重所以倒了。	
	2. 会用各种记录表格作记录。	
	3. 会用各种记录表格记录调整环境元素的实验结果。	
	4. 会根据记录，作出分析并推出结论。	
创新能力及艺术智能	1. 能够把实验过程以美术作品表达出来。	
	2. 能够将事物分解、组合。	
	3. 能够运用想象力，根据实验过程重新组合成有意义的实物作品。	

除了这份表格，我建议还可以参考 HIGH/SCOPED Education 关键经验的内容(见附录 1)。

六、个性化教育方法之强化行为习惯的方法

通过观察记录掌握了孩子的问题后，老师就要为孩子“开处方”，即设计个性化的教育计划。个性化教育方法包括三种，第一种是强化行为习惯的方法，第二种是改变行为习惯的方法，第三种是发展孩子能力的方法。

这些只是一部分方法，在实施的时候要记住以下几点。第一，阶段性的发展目标。老师的要求一定得从少到多、从易到难、从直观到抽象，千万不要想一步到位。小孩吃饭慢，原来要 50 分钟，老师立即要孩子进步到 10 分钟吃完，这就太难了，可以从 45 分钟开始，一步步发展。第二，要确定孩子明白老师的要求和指导。老师要以动作配合语言的说明，甚至示范给孩子看，不要期望说一次孩子就能够完全明白意思。第三，先情后理的原则。我们中国人是先做人，后做事，不管孩子犯了什么错，老师都应该先抱一抱，说：“老师知道，你不想这样做的。”然后再讲道理，这一招我建议必须用，它能帮助改变孩子。第四，客观冷静。冲动的时候请离开现场，等冷静下来再处理。同时尽量听取其他老师的意见，不要以自己单方面的意见评价孩子。第五，尊重孩子，让孩子有选择权、发言权，让小孩先说说他自己的想法。第六，同一立场。不是吩咐孩子去解决问题，而是老师跟孩子一起解决。例如，不是“你赶快收拾玩具”，而是“老师和你一起收拾玩具”。对那些有初步正确的行为习惯的孩子，以下这些强化行为习惯的方法应该很有用。

（一）描述性的表扬

表扬孩子的时候采用描述性的话，不要用“很棒、很好”这些词。什么叫描述性表扬呢？首先描述你看到的事情，再描述你的感受，最后再总结。举个例子，孩子平时收拾玩具动作很慢，今天玩具不多，速度变快了。老师就要立即进行描述性表扬，告诉孩子：“你收拾玩具快了，有进步了，老师相信你明天还会有进步！”

（二）与孩子进行情感交流

和孩子进行情感交流是一种强化孩子行为的方法，只有这样，孩子才会重视老师的意见。老师要不断地向孩子表达自己的感受，例如“你做了这些事老师很开心”，或者是“你这样做我不开心，你也不开心吧”，让孩子知道你的感受。孩子是

否重视老师是很容易看出来的，比如孩子吃饭很慢，你说“宝宝，要是你吃饭快一点，老师会很开心”，说完后看他会不会因为你这句话而吃快一点儿，如果会，就表示孩子重视你。

(三) 假设性的提问

我们教育孩子的时候说，假如我们迟到幼儿园会怎么样，让孩子去想，但孩子并没有这个能力，他不知道一瞬间做的事会导致后边的结果。所以老师要不断提醒他，假如我们这样子，后果会怎么样，有好的，有不好的，这样孩子就学会了这样去想问题，能形成稳定的行为习惯。

七、个性化教育方法之改变行为习惯的方法

对那些已经形成不良行为习惯的孩子，可能需要采用下面这些方法。运用这些方法之前，要统一班里老师的观念。这一点很重要，否则孩子一定会学会撒谎。我们做过很多研究，把一些家长认为很乖的孩子请到单面镜观察室，家长跟我们在单面镜的另一边看。老师告诉孩子桌子上有一个盒子，千万不要看，结果98%的孩子都会打开看，这很正常。

所以统一班里老师的观念很重要，不要让孩子从小为了迎合不同的人而撒谎，这样的孩子长大以后性格会很狡猾。班里老师一定要统一教育观念，统一行为，不过可以简单地分角色，就是说A老师给宝宝关爱，B老师讲原则，但他们不能唱反调，B老师训完孩子，A老师千万不能落井下石。我经常在幼儿园看到这样的情景，一个老师在训孩子，另一个老师过来说：“对啊，就是你。”第三个老师讲：“就是你。”这个孩子就备受打击。

应该是B老师训他或者跟他讲道理严厉一点时，A老师先别出声，走到一边，不要管他。孩子被B老师训完后很不开心，这时A老师就可以过去问一问：“宝宝怎么了？”“B老师刚才训我。”A老师就一定不能说“你活该”，也不能说“对啊，B老师不对，打倒B老师”，而应该说，“刚才B老师训你，严厉了一点，为什么呢？你想一想。”这样他就有一个倾诉的对象，同时能帮他整合经验。教育是一个共同体，我们要形成一个团队教育孩子，不是唱反调，而是分工合作。具体方法如下。

(一) 行为改正法

这一招特别好用，我觉得可以从孩子两三岁用到十岁。就是给孩子一些表格，一张五排每一次孩子做了值得表扬的事，就画一个星，并写下来几月几号因为什么受到表扬。集到五颗或者十颗就可以给孩子一个奖励，不要用物质奖励，用精神的奖励，比如拿了十颗星星后，老师为孩子唱歌。

你会发现孩子对星星非常重视，他会为了星星而改正行为。有老师问这样会不会导致孩子为了星星而学习，其实不用担心这个。因为我们需要一些工具帮助孩子面对一些不太有兴趣做的事，用这些工具增加孩子的学习能量，最后孩子自然就不需要这工具了。就像刚刚学习游泳可能需要救生圈一样，学会了就用不着了。

（二）冷处理

冷处理就是不管孩子，完全不反应。就好像我看到一个老外，他带着孩子在香港等船，孩子可能有四岁，为了一点事在大庭广众之下滚地哭闹，两夫妻一个看书一个看报纸，根本不理睬她，十分冷静，这就叫冷处理。孩子哭闹时见大人没有反应就知道这一招不管用，就不哭闹了。不过这边冷处理了，那边要及时用取代法，教育孩子假如有需要、想要得到什么，应该用一种正确方式表达出来，取代那个错误的方式。

（三）同侪教育法

同侪就是同伴、同年龄的孩子，在老师直接教育没效果的时候，利用身边的孩子影响孩子，这就是同侪教育法。

（四）正确示范法

就是老师要正确示范，要跟孩子一块做，不仅是跟孩子讲，讲是没用的，幼儿阶段一定要配合正确的示范，一步步、慢慢地做。

（五）换位思考

让孩子换一个角度思考，这一招用在孩子之间的摩擦问题上最有效，让孩子想一想自己是那个被欺负的孩子，会有什么感受。这种思维习惯对孩子的成长很有帮助。

八、个性化教育方法之发展孩子能力的方法

幼儿阶段的学习是直观的，需要大量有价值的经验，用以下方法可以有效发展孩子的能力。

（一）带着孩子一起做

我有一个香港朋友，家里经济条件不怎么样，但他每个星期天早上风雨无阻地带着孩子坐双层巴士玩，坐到顶层的第一排，每一条线路都从始发站坐到终点站，看到什么说什么。家长带着孩子认识世界，这个孩子一定不会比那些花钱参加兴趣班的孩子差，而且可能更强。老师可以告诉家长以上的故事，请他们在双休日丰富孩子的相关经验，在此基础上，老师整合孩子的经验就更容易，孩子的能力发展更快。

（二）留点空间让孩子自己发现

我跟一批大班要毕业的孩子上数学活动，我拿了 18 颗木珠子给小孩数，数完是 18 颗。我问孩子 18 颗分成两堆，是多少。孩子们又数一遍，又是 18。我又问分三堆是多少。孩子还要数一遍，说还是 18。小孩没有数量守恒的概念，不知道怎么分都是 18。该怎么教他呢？就是不断重复，重复到第八次，有一些孩子不再数了，直接跟我说是 18。我说你数一数，小孩一数果然是 18，他们就很开心，是自己发现了知识的开心。孩子自己发现到的知识是一生难以忘记的，是他自己知道的，而别人告诉他的是二手知识，不是一手经验。所以留点空间让小孩去发现知识，比直接传递知识要好。

（三）全感官活动

就是让小孩动用全身的感官。记住，到了小学以后，孩子的学习基本上就是用眼睛、耳朵，只在幼儿园阶段才有机会用鼻子、皮肤等所有的感官去感受，这个感受就是他建立对一些事物（除了文字）的认识的唯一机会，所以在这个阶段让孩子大量用所有感官去感受，去看、去听、去摸、去闻，孩子以后再看到这些东西就会联想起很多。而且这样做能促进孩子神经的发展，这不是识字所能取代的，而是大脑的一部分，过了这个阶段这些神经就难以发展了。

（四）作品欣赏法

让孩子欣赏大量的作品，分享作品，比如一幅画里的人物、物品的颜色、大小等。孩子每画完一幅作品，都引导他分享、欣赏，这样孩子就可以整合很多概念，为以后的学习作铺垫。

九、个性化教育方法应用实例

我截取厦门一幼老师的反思日记，让老师明白如何因材施教。

这次蔡老师教我们两种训练方法，正常孩子教育法和异常孩子训练法。很显然，第一种方法是针对正常孩子的。我觉得正常的孩子大概就是懂得听老师的话，明白老师的口令的孩子。在我现在带的这个班级，大多数的孩子都应该用正常孩子教育法。只有个别小朋友需要用到异常孩子训练法。正常的孩子会哭，会动手打人，有时还会和老师顶嘴辩解，蔡老师说这些都是他们的自发性行为。

还记得刚开学的那两天，我们班有许多小朋友就是哭个不停，也许是刚到一个陌生的环境，周围出现了很多陌生的面孔，让他们心里感到不安，就用哭来表达他们的心情。我是新老师，依稀记得自己小时候哭的时候好像大人会哄一哄的。于是我就去哄那些在哭的小朋友。有些小朋友还挺好哄的，抱在怀里摇一摇说“乖，不哭了哦，妈妈很快就来接你了”，然后带他们去玩好玩的东西，一会儿就不哭了。

可是，有一个小男孩特别难哄，连续好几天哭着喊着“找爸爸，找奶奶……”三个老师一起哄都不管用。他还爬到我们身上，要我们背着他去找爸爸，找奶奶。刚开始我觉得又好气又好笑又好玩，可是连着几天下来，我已经有点受不了了。因为哭的小朋友不少，不可能只顾着他一个。后来我很惊讶地发现，老师不理他了，他反而不哭了。“这下好了”，我心想，“是不是明天不理他，他哭一会儿就不哭了呢？这不就是蔡老师说的冷处理法嘛！”果然，接连几天这个小朋友都是刚进教室就开始哭，当发现没人关注他时，就慢慢收起哭声。虽然他不愿意和小朋友一起玩，但是他也不影响别人。慢慢地，这个小朋友进步非常大，不仅来园时不哭了，还乐意和小朋友、老师一起做游戏了。

说到幼儿动手打人，最近我发现我们班有些小朋友有动手打人的行为，我经常听到小朋友告状“老师，某某打我”。身为老师，就要马上出来主持公道，我问打人的小朋友“你这样做对吗”，小朋友一般会回答“不对”。接着，他们一定又会说“老师，我要改正”，或是“我下次不敢了”之类的话。可是，过不了多久又会听到，“老师，某某又打我”。通过这次培训，我才知道，原来小朋友有打人这样的行为可能是因为有东西要表达，表达的方式有很多种，只是小朋友选择了打人这样的方式而已。身为老师，就应该告诉他用正确的方式表达。这就是蔡老师教的正确示范法。

当蔡老师说到异常孩子训练法的时候，我马上想到我们班的一个女孩子。我觉得她比其他小朋友特殊。她的语言能力比较弱，不懂得表达自己的需要。老师多次发现她抢小朋友的玩具，抢不到就尖叫，然后很大声地哭，边哭还边看老师。

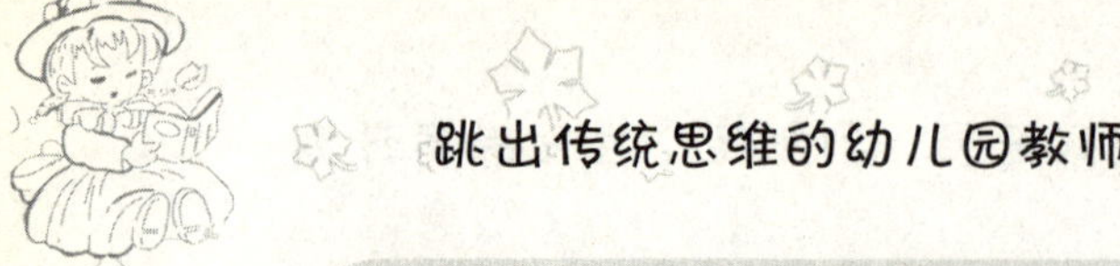

还有一个小朋友，在班级里爱怎么样就怎么样，还故意尿裤子。有一次做早操的时候，早操里有一个“找小猫”的游戏，“猫妈妈”去找“猫宝宝”，用摸“猫宝宝”的头来表示“猫妈妈”找到了。因为时间很短，小朋友很多，所以每次摸的小朋友都不一样。这次游戏我没有摸到这个小朋友的头，他就喊：“你没摸到我的头……”然后大声哭闹，进班级之后还继续哭，不一会儿，就站着尿裤子了。

想到可以用异常孩子训练法，我就先请他到旁边坐下，然后不看他，继续和其他小朋友做游戏，给小朋友们讲故事。我发现这招对这个小朋友特别管用。之后每天早上我都和这个小朋友协商，我说：“老师不可能天天都摸你的头，但是，如果你今天表现好，明天我就摸你的头，这样好吗？”这个小朋友很高兴地答应了。我又说：“你现在已经长大了，要懂得说话算话，不可以骗老师哦。”果然，这个小朋友的表现比以往都好，也没有故意尿裤子。

我想，我们所做的一切都要从孩子的角度出发，把不可能变成可能，多站在孩子的立场上想一想，为什么他们要这样做，那样做。和蔼的笑容、温柔的拥抱都是让孩子感受到我们的爱的举动，我们应该让每个孩子都充分感受到老师的关爱，在老师的关爱中健康成长。

十、蔡老师的个性化教育系统

（一）观察记录

每天每位教师负责观察记录三名孩子的发展情况，一般在区域活动或户外活动进行观察。观察采用实时记录和量表式的观察记录两种方法，我用的量表是和主题目标结合的“主题目标作为阶段目标观察表”（见附录2）。以30名孩子为例，老师可以每周为每一名孩子进行一次观察。两位老师各负责一半的孩子，一个月后交换名单，减少老师主观臆断因素的影响。另外运用每周“观察跟踪表”（见附录3）避免漏掉了个别孩子。当然观察周期和数量可以根据老师的具体情况而定，刚开始时一学期为每一名孩子进行两次观察记录就可以了。

（二）利用幼儿发展档案对比分析

观察记录的内容是每天老师备课时要用到的，备课时，老师把当天观察对象的档案拿出来，用当天的实时记录、量表式的观察记录与上次的评价记录进行对比分析，然后再填写当天的观察表格里的分析部分，形成新的观察评价分析记录。每个孩子的档案内还有一份学期阶段评价表，这份学期表格分别有五大领域的发展目标，在一学期里需要填写四次。老师要根据每一个阶段孩子的综合情况来填。

（三）制定个性化教育计划

新的分析结果出来后，老师便能够为这名孩子设计个性化的教育计划，这项工作的目的是为每一名孩子提供最有价值的“教育计划”。所谓“教育计划”有三种，第一种是有关学科能力的发展，例如对那些拔尖孩子的教育计划是提供上不封顶、开放式的相关活动，如设计开放式的数学游戏让几名拔尖孩子互相比赛。学科保底的一种方法是个别指导。第二种是素质和非学科能力的发展，例如社会交往能力，这些只能通过为孩子提供相关的学习经验而实现，例如多提供合作机会给合作能力落后的孩子。第三种就是教育行为异常的孩子，老师可以采用上文个性化教育方法里面的方法。

就这样周而复始，老师根据新的评价结果，制定该名孩子的教育计划，进而实施计划，在下次观察看到成效后，再进行调整。

第九章

让家长从接受、信服到跟从

家长工作不是讨好家长、迎合家长。老师只要将现代的客服技巧与幼教相结合，就能够让家长信服、跟从！

如果幼儿教师能够让家长从刚开始就接受、信服，然后跟从自己的教育观念，那么孩子就能够得到一个可以延续的教育环境，这对孩子的一生都会产生良好的影响。反过来，如果老师得不到家长的支持与认可，不但会对孩子造成不好的影响，而且会对老师的工作带来很多麻烦。

老师的专业知识一定要到位，老师专业过硬，家长就会觉得跟着老师能学到正确的育儿知识，这样家长才会信服。如果老师只会迎合家长的非专业要求，家长怎么说就怎么做，那么家长就只会把老师当作保姆而已。

所以老师的教育专业一定要过硬，让家长能够学到一些原来不会的育儿知识，至于家长的态度怎么样是另外一回事，这是处理客户的技巧。我认识一些专业很好的医生，也会有病人不相信他，挑他毛病，不按照医生说的吃药，然后说医生水平不行，所以专业过硬和教育家长的技巧是两回事。专业归专业，让家长学会原来不会的知识才叫教育，虽然可能在这个过程中会遇到一些困难，但只要坚持，家长最终是会信服的。但如果你的专业不过硬，不管你如何迎合家长，最终还是无法让家长信服。本章的目的是教老师一些不基本的基本功，还有家长工作的方法和技巧。

一、听得见的专业：你的教学用语、沟通技巧过关吗

我曾经指导的一所幼儿园有三个小班，开学一个多月后，两个班的孩子的常规已经很稳定了，但另外一个班的常规还是很乱。于是我到班里观察，最后发现一个重要的原因就是老师的用语不规范，如上下楼梯时，老师只告诉孩子“靠边走”，试问小班孩子能够理解老师的意思其实是“靠右边走”吗？孩子在这种语言环境能够学会理解指令吗？结果，这个班的孩子就是在听不明白、不理解里度过这一个多月，而其他班的孩子已经在老师的规范用语和肢体示范中学会了理解指令。其实，这种现象在很多幼儿园存在，原因是现在的年轻老师在生活中喜欢使用短信和网络语言，他们习惯了用简单的电脑符号代表很复杂的意思，自身的语言表达能力不强，导致教育语言水平不高。

语言是老师和孩子沟通最主要的工具。拥有清楚有效的语言沟通能力是老师的基本功之一，语言能力包括了表达能力和理解能力，这两种能力包含了理性的要求和感性的感受。我把这些能力总结为“明白”二字，即孩子明白老师的意思与感受，老师明白孩子的感受和表达的意思。注意我的次序是孩子先明白老师的意思，然后才是感受，但老师要先明白孩子的感受，然后才是孩子的意思。我国的文化特色是先说情，再说理，所以我们教育孩子时，首先要明白孩子的感受，让孩子知道老师理解他的感受，然后再讲道理，年龄越小的孩子越需要这样处理。不管是说情还是说理，老师都要掌握以下这些基本的技巧。

（一）用直观的示范或解说配合语言

幼儿对语言的理解不多，老师和孩子交流的过程，其实就是在丰富、提高孩子的语言能力，所以老师要用规范的语言，同时配合直观的示范或解说逐步丰富孩子对语言的理解，例如老师告诉孩子“赶快收拾玩具”，但对孩子来说，“赶快”、“收拾”都难以理解，如果老师说“和老师一起赶快收拾玩具”，然后和孩子一起做，这样做几次后，孩子就会明白这句话的意思，丰富了对语言的理解。同样在讲故事等语言活动中，对低幼孩子都应该有直观的图案或手偶活动等相配合，孩子的语言理解能力才能够提高。

（二）扩散式和凝聚式的提问

扩散式提问是指那些天马行空、没有标准答案的提问，例如“你喜欢哪些玩具”；凝聚式的提问是有导向的，例如“你喜欢小车还是小马”。这些提问可以应用在生活中的对话和教学活动中。一般的使用原则是对低幼孩子多用凝聚式提问，如“你喜欢小车还是小马”，而且如果提问之后孩子没有反应，可以更换方式提问，如“你要玩小车还是小马”，“你是不是两个都想要”等，用这种方式帮助低幼孩子整理思路，就如同婴儿不停地哭，教师只能用排除法猜测他的需要一样。中大班的孩子就可以先用扩散式提问，当孩子不理解时就改凝聚式提问。注意凝聚式提问的凝聚度是可以调整的，从二选一到多选一都可以，老师要根据孩子的水平来定。简单地说，尽量进行扩散式提问引导。

（三）假设性提问和同理心安慰

假设性提问是要求孩子通过假设情景思考问题，可以用于生活中的换位思考，如“他被你打了，假如你是他，被别人打了，你会不会很生气”，也可以用到教学中，对科学活动的预测以及故事的角色代入等。但由于孩子的形象思维到中班前后才形成，所以低幼的孩子不一定能够理解。同理心安慰是建立师幼关系的一种有效方法，例如“老师知道你被另一个老师责备心里很不舒服，不开心，但是我们想想为什么会这样呢”，这样孩子就会明白老师是关心他，老师后面的道理就能够接受。

(四)观察孩子的肢体反应,判断孩子的真实感受

基于种种原因,幼儿语言的可靠性是不高的,老师要学会通过观察孩子的肢体反应来判断孩子的真实感受,例如孩子在不断地、无意识地玩弄衣角、眼睛看着地面等就说明孩子的情绪不安,这时候就要先安抚孩子的情绪。

规范用语还包括了正确地运用量词、名词和介词,老师在生活和教学中大量运用清楚正确的量词、名词和介词,不但能提高孩子的语言能力,同时也能为孩子学习数学和语文奠定基础。因为孩子从小就接触这些抽象符号,丰富了对这些符号的直观经验,当小学老师运用这些符号解说知识时,孩子理解起来会比较容易。

总之,老师的语言能力对孩子的影响很大,所以老师不要说一些不必要的口头禅以及松散、零乱的个性语言,要注意语法、逻辑、修辞的严谨规范性,尽量做到表述准确,描述生动。

二、掌握这些“不基本”的基本功就能够让家长信服

除了语言能力,以下这些基本功都是幼儿教师必须掌握的,这些知识不但对教育孩子有用,还可以用来教育家长,让家长信服你的专业。

(一)教育家长理解并运用基本的幼儿心理学知识

知己知彼,百战百胜。作为一名幼儿老师,首先要了解幼儿心理,老师可能学过幼儿心理学,但是往往不知道如何在实际工作中应用,而对老师来说,应用比理论更重要。关键的几点大家都知道,首先是幼儿从自我中心慢慢发展到适应群体生活,这一点在实际工作中的应用就是老师面对低幼儿时不能够命令、支配孩子,因为孩子心里只有自己,老师只能用间接指导的方式引导孩子,就是我说的“现代版的孟母三迁”。如果老师强行支配孩子,孩子的行为就容易反弹,甚至可能产生叛逆行为,处处和老师对着干。第二点是孩子的思维发展是从直观到形象,最后才是抽象,这就告诉老师在和孩子沟通时就应该按照这个特点进行,要将复杂的问题分解成为几个简单的问题,总之就是遵循从少到多、从近到远、从简单到复杂、从小到大、从直观到抽象的不变定律。

(二)教育家长教孩子写字和学外语的正确方法

如何教孩子写字和学外语,这是很多父母关心的问题,所以老师要知道相关的专业知识。写字需要执笔，执笔需要强有力的虎口肌肉和手眼协调的能力，所以学写字前要让孩子多锻炼这两种能力，比如让孩子玩橡皮泥、折纸、做家务等；然后是在绘画活动时教小孩画各种点和线，因为字是由点和线组成的，接下来才是正式学写字。刚开始用手指按照字形描写，如果有带字形的沙板更好，老师只要用胶水在硬纸皮上写字，然后撒上沙就完成了，可以作为游戏让孩子闭上眼睛用手指顺字形感受，这样可以建立孩子的触觉记忆，还不会影响孩子手指的发育。

开始执笔时要提供粗杆的笔，最好是三角笔，因为孩子用三角形的笔才会清楚三个手指头的位置，而且刚开始不要用方格纸，而是用大白纸让孩子随便写，到用方格纸时也要从特大格开始。写的内容一定要是孩子有经验的，不求多，求好玩，有了这个基础以后才会写一手好字。

教孩子学习外语就要了解孩子学习语言的能力，学习语言的能力包括了“猜”和模仿发音，“猜”就是猜测发音的意思。幼儿期是学习语言的敏感期，如果有条件就尽量多让孩子接触不同的语言，特定的人用特定的语言和孩子沟通（包括外语或方言）。同一个人不要用两种语言，宁可配合肢体语言与孩子沟通。这样不但可以让孩子掌握多种语言，还能拓展孩子以后学习语言的能力。

（三）教育家长孩子学习知识的正确方法

很多家长以为孩子学习知识就是记名词，所以不断让孩子记忆物品的名称。其实知识不等于认知，例如“苹果”这两个字只是名称，是构成知识的无数认知之一，其他的认知还包括味道、颜色、种植方法以及价钱等，认知越丰富，对知识的运用及理解能力就越强，这些认知要从经验里积累获得。所以不断丰富幼儿期孩子的认知经验，对他以后的学习能力发展会有很大帮助。比如有两位老师教孩子有关水果的知识，第一位老师准备了许多种水果，有苹果、橙、木瓜和西瓜等，在一节课内把这些水果都展示给孩子，说明特征，让孩子都能够复述这些知识。另一位老师只准备了苹果，她首先把苹果藏在一个布袋里，让孩子伸手去摸，感受摸到了什么，形状像什么；然后老师让孩子闭上眼睛用鼻子嗅苹果，想象是什么味道；接下来老师让孩子尝一尝苹果，说出感觉，并把苹果的感受画下来。第一位老师教了很多内容，孩子学会了很多二手知识，但是孩子没有一手经验，就好像一个只听教练指导但没有锻炼的运动员一样，只会说但不会做。第二位老师在教学过程中锻炼了孩子的感官力和想象力，并调动了孩子过去的知识，同时要求孩子把自己的感受画下来，与第一位老师的教学相比，苹果对孩子产生了更多的、更深入的意义，而且孩子锻炼了各种能力，还学会了这种学习水果的方法。

三、掌握这些“不基本”的基本功就能够让家长跟从

如果你能告诉家长让孩子听话的正确方法，家长就会跟从你，以下是让孩子听话的方法。

（一）教育家长了解孩子为什么不听话

除了生理原因外，孩子不听话的原因可以分为三种。第一种是心理因素，这种行为反映了孩子的心理需求，比如他需要别人关注他，或者是他想让家长或老师明白“其实我是重要的”。这种类型的孩子可能不是真的不想听话，他只是想让你知道“我可以支配你”或“我要你注意我、关注我”。其实成年人也一样，两个朋友因为选择吃饭的饭店而争吵，其实背后的原因不是为了去哪里吃饭，而是为了谁支配谁，这些都是心理上的潜意识问题。遇到这样的情况，就要注意平时对孩子的关心够不够，是不是孩子在家里缺少关注。要注意的是，关注孩子不仅仅是经常和孩子在一起，有些家长和孩子在一起的时间很多，但没有跟孩子好好交流，没有平等地对待孩子，而只是不断支配孩子，这样不但无益反而会对孩子产生不好的影响。

第二种原因是孩子不知道正确处理问题及表达需要的方法。比如争抢玩具，可能孩子只会用原始本能的处理方法——打架，这种情况家长就只需教给孩子正确处理的方法，例如用语言沟通等文明社会允许的沟通方法。假如孩子不会采用正确的方法处理某件事，最有效的方法是家长创设模拟环境好好地和孩子一起做，多做几次，让孩子掌握正确处理这些事情的方法（模拟环境教育法会在下文具体介绍）。

第三种不听话的原因是孩子情绪不好。成人也会这样，比如晚上睡得不好，可能早上起来就容易发火。如果孩子有这种情况，一般家里都应该给孩子设置一个小空间或隐私区，就是一个小纸皮箱或小盒子，让孩子躲进去，并且告诉孩子“如果你不高兴，不喜欢人家打扰你，你就躲在里面，外面挂一个牌‘请勿打扰’，等你心情好了再出来，好不好”。如果情况很严重，可以给孩子一个枕头或拳击袋，等他发泄完，然后再跟他讲道理。

（二）教育家长正确表扬的方法

表扬孩子不要随意，要跟孩子讲清楚为什么表扬他，注意多表扬孩子正确的行为，如孩子付出了努力或礼貌的行为等。每一次表扬都会在孩子的心灵留下痕迹，所以一定要留下正确的痕迹，不要随意表扬。表扬也不是随意说“很好，很棒”。我最不喜欢那些“棒，棒，非常棒”，“good，good，very good”。我曾经看过这样的活动，一个孩子回答完问题，其他孩子就跳出来表扬“good，good，very good，棒，棒，非常棒”。我在旁边看得很恼火，老师说因为小孩能回答问题，所以鼓励他，表扬他，我说这只能让孩子兴奋，不能鼓励他学习。现在夸张地表扬孩子“good，good，very good”，以后不对他说：“good，good，very good”了，他还会回答吗？表扬是什么？表扬首先是表达老师对孩子的关注、关心，要用心才行。

小孩画一幅画给你，你不要随便看一眼就说“很好啊，宝宝，老师觉得画得很好”。孩子很敏感，他知道你什么时候在敷衍他，什么时候是认真看，如果你敷衍几次，他以后就不会再拿给你看了。所以他拿给你看的时候一定要认真看，如果你在忙别的事情，宁可跟孩子说“现在老师在做事，等一下做完事再欣赏你的作品，好不好”，忙完以后一定要过去看，并且要认真、用心看，看到什么你要好好跟他说。首先是描述你看到了什么，“嗯，老师看到你这里画了一头恐龙”，或者“老师看到你这里画了一个圆形”等。描述其实就是帮小孩归纳经验，左边有什么，右边有什么，上面有什么，下面有什么，每一次都这样归纳，小孩自然就学会了上、下、左、右。比如你说这边的绿色比那边的深一点，这边是深绿，那边是浅绿，你在描述，也是在帮他归纳，在情感上也让他知道老师花了工夫看他的作品。描述看到的内容后，就可以说一说自己的感受和评价，比如“嗯，老师觉得很开心，因为你的画画得很认真”等。家长在表扬孩子时也要注意这些。

（三）教育家长模拟环境教育法和其他方法

模拟环境教育法是对孩子很有效的教育方法。我管理的幼儿园曾经有一个家长说孩子被人家打都不还手，问我应该怎么办。我个人不鼓励孩子还手，但假如真的要培养孩子还手其实很容易，只要模拟环境训练。那个家长说“我都教他还手了，他就是不会还手”，我说你的孩子才两岁多，你告诉他说“有人打你，你就还手嘛，听懂了没有啊”，然后孩子点头，他点头只是表示听到了，但并没听懂，因为他根本不知道什么叫还手。采用模拟环境教育可以这样做，对孩子说“爸爸假装是你，妈妈假装是打你的那个人，当妈妈打过来爸爸会怎么样啊？这样子打回去”，就像情景剧，然后让孩子演练。第二天这位家长跟我说“太有效了”。我再次强调我不赞成教孩子打架，但老师应该掌握有效的教育方法，让父母能够成功教会孩子，这样家长就会信服老师。

其他方法还有“跟我一起做”，也就是和孩了一起做，例如“老师喝水了，孩子们，我们一起喝吧”，“我们一起收拾玩具”等，这种方法比只吩咐孩子做有效。另

一种方法是“冷处理”，如果孩子想用不正确的行为得到关注，就可以用冷处理，不理睬孩子，让孩子知道这些方法无效。但之后必须采用取代法，教孩子用正确的方法表达需要。还有很多有效的方法，如“星星记录表”等，这个方法前面已讲过，就不再赘述。

四、工作与专业成长相结合是老师提高个人素质最轻松、最有效的方法

现在的信息日新月异，只有不断学习才能够与时俱进。但是老师工作繁忙，而且市场上的大部分业务培训与实际工作脱节，可谓“听得激动，回去无法行动”。所以我认为最有效的学习是在工作中学习，只是老师要掌握在工作中的学习方法才有用。老师要不断思考这样两个问题：教（学）什么，怎样教（学）。老师要不断思考在这一刻教孩子什么是最有价值的，给孩子什么经验或做什么对孩子最有价值，然后是怎样教才是最有效的方法，并且不会对孩子造成负面影响。

老师在工作中提高专业，可以这样做。

（一）多听其他老师的经验

“三人行必有我师”，要多和其他老师讨论专业问题，但不能盲目接受，在多听多看的同时自己要加以判断、思考，把别人好的东西变成自己的知识，利用别人的经验丰富自己的经验。不是照抄人家的东西，而是学习别人的经验、想法，这一点很重要。“尽信书不如无书”，不是不看书，是多看书，看了书以后不能只按照书上说的去做，而是要理解背后的意义，想一想别人为什么要这样做。只有当你能理解之后才知道在不同情况之下该如何做。同时不要迷信专家，也不要迷信某一门派的教育，而是要学习、思考、吸收，最后变成自己的东西。

（二）有选择地学习专业

老师需要的是实用性专业，需要把专业运用到生活当中解决问题。现在提倡的是实用智慧，所以老师要不断地在生活中发现问题、寻找问题，在不断发现问题中提高专业水平。我培训新老师最有效的方法就是要求老师每天写反思，每一天花一点点时间，用半小时，甚至15或20分钟，写“假如今天重新再来一次我该怎么做才能做得更好”。老师在写的时候，首先要发现自己今天有什么不足，大家知道“没有最好，只有更好”，所以每天肯定有可以再提高的空间。每天反思，自找不足，找到问题，然后思考该怎样调整才能把存在的问题处理好。如果老师能够每天保持反思"假如今天让我重来一遍我会怎么做才更好"的习惯，每一天在工作中自找不足，同时思考改进的办法，那么进步就会很快。

（三）跳出幼教学幼教

教育就是生活，老师专业要过硬就不能只是"两点一线"的生活，教育不能跟社会脱节，教育跟社会是紧扣的，没办法独善其身。所以，教育工作者必须走入社会、了解社会，知道社会上其他行业的情况，了解社会需要怎样的人才，社会上一些人的行为表现和幼儿教育之间的关联，这些经历能够让老师预见孩子的未来。成年人存在的问题或优缺点，是他在幼儿期缺少某些经历或因为某一种教育导致的，由此说老师能预见孩子以后的变化，而且通过了解社会，知道未来社会需要什么样的人才，才能够让老师的教育是真实的，而不是虚假的。老师一定要走入社会，不看新闻、报纸的老师不会是很优秀的老师，一定要跨行业丰富自己的人生经验。幼儿园教师可以多跟家长打交道，谈一谈他们的工作，或者是通过家长会，让家长介绍自己的工作情况，让他联想幼儿教育对自己的影响。

老师在工作中学习时要注意以下事项。

第一，要思考。幼儿园教师往往是照搬别人的做法，而缺乏思考。比如参观幼儿园时拍照，看到别人的表格或教育课程就搬过去用，没有考虑整体需要，没有想过究竟这些方法用到自己幼儿园合不合适，能不能用起来。这是很多幼儿园老师存在的问题，这样的参观学习次数再多也不会提高，因为只是照抄，没有思考，没有把知识转化成自己的知识。

第二，要现实。幼儿园老师往往脱离现实生活需要，凭感性、想象学习，没有成本意识，不思考学习的有效性。老师一定要多想一想怎样才能教得有效，很多时候幼儿园老师就像胸口挂着"勇"字的士兵，从不好好动脑筋。学专业时老师一定要想怎么样去教，才能有效。记住，要学好专业，专业要过硬，就要学得其法。

五、做家长工作首先要掌握沟通技巧

与家长建立感情不可能是一天就能做到的，平时要多沟通。我曾经在一所幼儿园做过一个调查，调查在家长心目中哪位老师的评分最高、印象最好。很奇怪，调

查结果与幼儿园领导的看法有很大的区别。有些领导觉得专业性很强的老师，教出来的孩子总体也很好，但在家长心目中的评价却不太高，反而专业一般，但很会和家长沟通的老师却能得到很多家长的支持。这就说明除了专业过硬以外，和家长沟通的技巧也很重要。

现在的社会所有人都在做客服，不要认为客户服务不是很高尚的工作，其实不管美国总统、我们国家的主席和总理，还是比尔·盖茨、李嘉诚等，他们都要做客户服务，因为只要与人打交道，跟人产生关系，就需要为客户提供服务。所以不管是国家领导还是最有钱的人，都在做客服，现代人不管从事哪个岗位都必须把现代化客服知识、技巧融入工作，这样既能在工作中提供专业服务，同时也能让客户感到满意。作为老师必须多与家长沟通，讲话要有技巧，要让家长满意，让家长了解我们所做的一切。建立很好的沟通平台，就能有效地让家长接受我们的教育理念。如果家长本身已经不喜欢老师了，就难以接受老师讲的话了，所以除了专业之外，学会沟通也很重要。以下是一些沟通的方法。

(一) 先表扬后批评，先做人后做事

老师一定要学会讲家长能够接受的话，不要每一次找家长都是批评孩子，那样的话家长听着听着心里就不舒服了。我们可以用正面教育法，不强调负面的，而是往正面引导，比如一个孩子与其他孩子一起玩游戏，但没有按照规则玩，你不要说孩子不遵守规则，而应该简单、直接地告诉他应该怎样。与家长沟通时不要每次都说孩子有这样那样的问题，平时不管有事没事可以多与家长沟通，多表扬孩子，多表扬家长的工作，这样在需要家长支持时，家长就相对容易配合。记住，我国的文化是先做人后做事！

(二) 针对需要，一个都不少

一般老师都会照顾到“两头”（能力最强与表现最弱的孩子)，反而会忘记“中间”孩子的存在。老师可以做一张表，表中列出每个孩子的名字、家长的关注点，然后每天轮流观察几个孩子，保证一个都不少。观察时就针对家长关注的内容，找出可以与家长描述表扬的事项，在家长接孩子时跟家长用简单的一句话表达，例如“宝宝吃饭进步了，家里可以再配合一点”等，家长就知道老师关注自己的孩子。老师也可以利用环境布置促进与家长的关系，比如做感恩的环境版面，可以做一大块“感恩板”，感谢某些家长支持幼儿园的工作，有了他们的支持孩子才得到怎样的教育环境，然后让每个孩子按一个小手印感谢家长。这种做法会让支持的家长更支持，也会很温馨，孩子还能从中学会感恩，那些不支持的家长也会不好意思，也许会改变态度。

(三) 不要有问题时才沟通，平时应多交流

利用电话、环境布置、邮件等方式跟家长多沟通，而且要有新意，给家长留下印象。最好还能把沟通与教育相结合，比如某个孩子提高了，其他孩子可以一起表扬他，并做一张表扬卡，如“某某小朋友在我们班里进步了，是值得我们学习的……”，然后所有孩子都在上面签个字或按个手印，家长看了表扬卡会觉得很温馨、很开心。这种方式不只是沟通技巧，还是正面教育，同时也是在引导家长。平时要多沟通，不要有事才找家长，如果真的有问题需要找家长，讲话要很有技巧，不要说“你的孩子什么什么不好，什么什么没注意好……”，一定要先表扬，后面再告诉他该怎样做才会更好，不要什么都说孩子不好，比如告诉家长孩子吃饭进步了很多，希望能够再快一点，想得到家长支持，就要这样点到即止，家长听了也会比较舒服。

对于不了解或不怎么支持老师工作的家长，我们要以最大的耐心接纳他们，慢慢改变他们。可能有一些家长，过了三年时间，孩子已经到大班了，家长才会知道感谢老师，但这种成就感也是很不一样的。教育家长时也是在体现我们本身的教育素质，我们要身体力行，对人忍让，正面引导，以身作则地改变家长。只要你能坚持这些，平时多积累与不同家长的沟通技巧，老师和家长之间就能够互相学习，建立友谊。

六、建立关系要有技巧，但教育原则要坚持

我用开餐馆来作比喻，做湖南菜的餐馆，就要旗帜鲜明地说这里是做湖南菜的，然后把湖南菜好好地做给客户。如果你不打算吃辣就千万别进来，如果你进来我就一定会做好湖南菜，这样的餐馆才有特色。同样的道理，幼儿园老师必须原则性很强，千万不要做“墙头草”迎合家长，家长讲东你就东，讲西你就西，完全没有自己的原则。要知道老师不可能迎合所有的家长，只能迎合接受你原则的家长，这就是先小人后君子，原则性要强的道理。

在发展专业时，老师要认清自己的方向，一步一个脚印而非迎合市场，左右逢源。发展的时候一定慢慢渗透，让家长知道你的特点，理解你的教育理念，明白你会怎么教育他们的孩子。不要认为有时对家长坚持原则会让家长不满意，其实很多时候只要你能够讲清楚，做明白，家长反而更高兴。但不管做什么，透明度一定要

高，要先说后做，千万不要自己觉得好就直接去做。因为现在的家长比较敏感，老师事先没有与家长沟通清楚，好事就会变成坏事，引起家长的误会。

召开新生家长会是最重要的环节，每一个新学期或接一个新班，在孩子入园时，都一定要开家长会，清楚地向家长说明孩子刚到幼儿园可能会出现的情况和原因，例如孩子因为语言能力不强，回到家里讲的可能与事实不符，曾经有孩子说老师打他，其实老师只是摸了孩子的头。孩子说不喜欢去幼儿园有很多原因，其中一个可能是和家长抬杠等。另外要说明你的教学理念和原则，如果你觉得孩子不应该吃糖果，不应该用给孩子吃糖果的办法让孩子安静、听话，你就应该告诉家长，不允许孩子带糖果到班里，不要给孩子吃垃圾食品，如果家长给孩子带这些食品就会影响你的原则。

细节也很重要，比如你的教育理念认为对小孩一定要有要求，就要清楚地向家长提出，并且让家长明白，虽然要对孩子提要求，但这种要求不是支配、批评、体罚孩子。

要想在新生家长会中说明白，老师首先要定位清楚，究竟自己的教育理念是什么，你觉得孩子该怎么样教，你会用什么方法教；第二，必须把以上内容在每一次新学期或新班时说给家长听，而且用白纸黑字与家长进行书面沟通，在沟通之前一定要准备很好，争取说服家长。只有原则清楚，拥护的人才会不断聚集起来，慢慢地大家会知道你就是这种老师。假若家长的意见跟你不一样，你也不用一定就要他，可以说服家长。我们做老师的不是让人家喜欢你，是要让人家尊重你，喜欢与尊重是不一样的，喜欢你不一定尊重你，你可以跟一些朋友在一起玩，很喜欢他们，但你不一定会尊重他们，而你不喜欢一个人，但可能很尊重他。老师要有原则，要跟家长沟通清楚，一切出发点就是为了孩子的未来，可能大家的理念不同，但是出发点相同，通过沟通大家能达成共识。

老师要注意的事项：第一，原则性要强，坚持就是坚持，不允许孩子带垃圾食品过去就是不允许，而且要跟他说明白前因后果。第二，态度一定要温和，因为老师的态度体现了个人素质，老师礼貌地对待家长，也能让孩子在老师身上学习文明处理不同意见的方法。

关于细节方面，一定要说到点子上，要清楚地说明该怎么做和不该怎么做，能接受什么和不能接受什么，不要说空话。说“一切为了孩子”这些空话对家长是没有意义的，应写实实在在、操作性强的内容，比如不允许孩子带垃圾食品回来，鼓励周末去户外活动，给孩子多一些交往的机会，让家长清楚你的理念和要求。要让人家尊重你、信服你，以上这几点必须做好。

七、有效运用间接指导等策略

老师在做家长工作时，应多用间接指导，而非直接指导。很多老师还没有家长的社会经验丰富，可能也没有他们文化水平高，老师直接告诉家长这些该做，那些不该做，家长不一定能够接受，所以更多时候我们应采用间接指导。

首先要理解教育的意义，教育不是老师教孩子或家长教孩子这么简单，教育是一个共同体，大家都在学习，大家都在教育。孩子固然要跟老师、家长学习，但孩子对孩子的影响可能比大人对孩子的影响还要大；老师固然会向专家领导学习，但老师与老师之间的影响更大；同样的道理，我们固然要直接指导家长，但家长更容易接受的是孩子、家长等对他们的引导。

施教者与受教者的地位不平等，而一般平等角色之间的施教会比较容易接受。所以很多时候我们不是让家长直接听我们说该怎样做，更多是要让家长亲眼看到别的家长这样做效果更好，这样他就会接受。教育最基本的要素是受教者要接受施教者，受教者不接受，你的水平再高都没办法，这就是用间接指导的意义。让家长知道，每一个家长的教育观念会间接影响孩子，影响老师的工作状态，这样家长就会维护共同的利益。

间接指导除了用家长教育家长之外，还可以用孩子教育家长。你可能会质疑孩子能教育家长吗，孩子当然能够教育家长。举个例子，我们每周的教育汇报就可以潜移默化地让家长慢慢改变，我们每周有一篇家长汇报，格式如下：

亲爱的家长：

这一周您的孩子在户外捡树叶了，我们安排两个孩子一组，让他们在捡树叶的过程中锻炼合作性。在捡的过程中，我们要求孩子选择不同形状、不同大小的树叶，以此提高孩子辨认形状、大小的能力，同时锻炼了孩子的小手肌肉，他们还学会了用工具。树叶捡回来后我们进行分类，有形状分类、种类分类、大小分类、厚薄分类、颜色分类等，通过分类孩子能进一步提高辨认能力，而且用自己捡回来的树叶学习，能使他对学习的兴趣更浓，自主性学习获得进一步巩固。树叶分类之后，放到美工区加工，既可以在大树叶上直接加工，也可以用小树叶粘贴。我们让孩子思考树叶为什么会掉下来，进一步

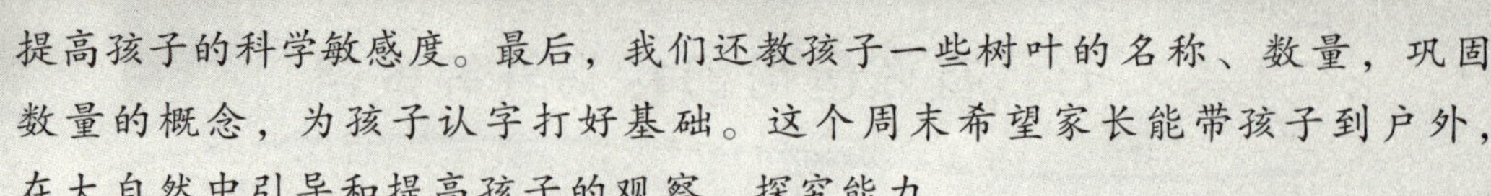
提高孩子的科学敏感度。最后，我们还教孩子一些树叶的名称、数量，巩固数量的概念，为孩子认字打好基础。这个周末希望家长能带孩子到户外，在大自然中引导和提高孩子的观察、探究能力。

×××老师上

这样的家长汇报其实很简单，但其中渗透了每一个活动的意义，将教育孩子的过程告诉家长，就能潜移默化地指导家长。

还有一种是教孩子一些正确的行为，让孩子回家以后告诉家长什么是正确的行为。但我们不会直接告诉孩子“要告诉家长不能随处丢垃圾，不能吐痰……”，我们告诉孩子一个文明人该怎么样做，要孩子将学到的知识、行为习惯带回家，让孩子在家里教育家长。

除了以上两种方法外，还可以利用环境布置，比如在环境布置中针对家长对幼儿园、对班级的贡献，或者是家长的努力、进步、改进，我们设置“感恩板”，如“感谢某某家长，因为你的努力改进或你的贡献，让某某孩子获得了提高，他的提高也促进班里其他孩子的提高，我们班感谢你……”。通过这些间接影响家长，每个人都喜欢别人表扬，这些都是我们可以用的方法。

还要注意一些细节，例如在组织家委会时，把那些比较有水平的家长、有正确观念的家长挑出来作为负责家委会的成员。注意最好先观察一段时间再决定，否则挑错人做家委会成员会很难处理。有了家委会成员以后，可以组织一些家长活动，建立QQ群，让能力强的影响能力弱的，或者观念正确的影响观念不正确的。第一次家访调查回来的资料就是现在要用到的了，有意识地把家长配组，让家长与家长交往时能相互影响，而且必须让这些家长树立一个很重要的意识——“学习共同体”，你影响了其他家长，也会间接对自己的孩子产生帮助，这些是必须告诉家长的。

此外，在处理家长工作时一定要有很明确的态度，对每一位家长的态度要一视同仁。不是谁观念正确我们就多投放一点精力在谁身上，我们应该以学习共同体的角度去看，千万不要在态度上分裂了家长。对于不怎么配合的家长要有耐性，花三年时间才能改变家长一点也不奇怪。

最后就是借助外力，比如专家、其他比较有经验的老师，甚至是退休老师，因为有些话其他人讲才更有效。我就经常帮幼儿园向高学历的家长训话，还有些幼儿园要家长参加了家长学校培训才能让孩子报名。总之老师要明白，教育家长可以说是幼儿教师的又一个终极任务，要用心去做。

第十章

这才是真正的幼儿园课程

幼教理论其实不难，原来就是这么几点！

幼儿教育和幼儿园教育是不一样的概念，幼儿教育是宏观的理论层面，幼儿园教育是具体的操作。幼儿教育可以不用太考虑现实的问题，但幼儿园教育首先就要考虑身边的各种具体情况。所以幼儿园课程不能脱离现实，应该是建立在幼儿教育不可取代的核心价值基础之上，又能够照顾到实际情况。

幼儿教育应该以幼儿心理学为基础，主要掌握幼儿学习思维的发展特点——从直观思维到形象思维，再到抽象思维的发展特点。虽然大部分老师都知道这一点，但是真正能够应用到课程实践上的并不多。

另外一个经常看到的课程误区就是课程和真实运作分开处理。我认为幼儿园的课程不可能脱离幼儿园真实运作的情况，比如大部分幼儿园都定期安排特定的活动，真正的课程就应该把这些没办法避免的活动结合在课程里面，而不是单独地处理课程。还有就是兴趣班，我在这里不讨论兴趣班的对错，我认为如果必须开设兴趣班，就应该把这些兴趣班课程和幼儿园课程统一设计。因为幼儿园课程资源只有一套，所以不可能不考虑现实情况而单独设计课程。

讲到课程就要了解课程目标、课程实施的方法和课程评价，大部分是之前的章节内容，在这一章我把它们串联起来，同时加以补充，希望老师通过这一章对课程有一个清晰的认识。

一、幼儿教育在培养素质层面不可取代的价值（一）——直接塑造

作为一名幼儿教师，要体现自身的专业价值，就必须了解什么是幼儿教育的独特价值。无论是幼儿教育、小学教育、中学教育、大学教育，还是社会教育阶段，不可能说，没有哪一个阶段的教育比其他阶段教育更重要。幼儿老师必须掌握幼儿教育的独特价值，才能够突显幼儿教育的专业地位，同时提高自身的社会价值。很多人对幼儿教育有所误会，有人认为幼儿阶段学习能力最强，其实幼儿只是“模仿性学习”能力强，进入小学才开始是“理解性学习”幼儿阶段的孩子拥有“不会选择，只要条件适合就模仿”的特点，所以幼儿阶段应该更多地进行素质的培养。

在培养素质的层面，幼儿教育的独特价值体现在两个字——“塑造”。假如有一位爸爸今天回家跟孩子说，“惨了，儿子，爸爸今天加工资了，加了工资老板肯定

会给我很多工作做”，第二天爸爸又在孩子面前说，“惨了，今天接了一个大单，也不知道能不能完成，压力好大啊”，第三天爸爸回来又说，“惨了，新车不知道会不会被人家刮花”，孩子在这种环境里成长，他长大以后看什么事情都就会是负面的、悲观的。

另外一个爸爸回家跟孩子这样说，“金融风暴了，下岗了，下岗是好事啊，我可以有更多的时间陪你玩”。这个爸爸不管碰到什么事都能够以乐观的心态去面对，他的孩子建立的人生态度就会是乐观的。

这就是幼儿教育的独特价值，它能塑造孩子对这个世界的价值观、人生观以及对人、对事的行为态度，形成他本能的想法和反应。一个在父母天天讨论如何发财的家庭中长大的孩子，他人生的追求很大可能就是发财；一个在父母天天讨论知识的家庭里长大的孩子，其人生的追求很大可能就是知识；一个从小在暴力环境成长的孩子，长大后对冲突的本能反应可能就是暴力，可能理性会告诉他不应该用暴力，应该用文明的谈判，于是他采用谈判解决，但他只是觉得不该用暴力，第一反应还是再暴力处理。

幼儿教育的塑造跟青少年以后的塑造不一样的地方是，幼儿不会选择，只要在条件适合的情况下，孩子就会模仿学习，并对其产生直接、根本的影响；而对于青少年来说，正常教育出来的孩子就会有自我判断能力，会有自己的喜好，不是什么都学，而是通过选择再学。

塑造可以细分为两种，第一种是环境的直接塑造，就是生活中的直接经验的塑造。俗话说“男孩子穷处养，女孩子富处养”，就是说利用成长的经验塑造孩子的人生态度。国内大部分有钱人都是穷人出身，从小就建立了赚取金钱是人生的重要目标，于是要奋斗，要赚更多的钱，就算已经有很多钱，还是会不断地追求更多的钱，这就是童年经验直接塑造的结果。“男孩子穷处养”就会知道生活艰难，就会追求成功与财富；“女孩子富处养”就是从小给她一个良好的环境，什么都有了，以后就不会因为别人对她的一点好就被骗走，这就是直接经验的塑造。当然，我认为不管男孩还是女孩，都应该让他们知道人生的成功来之不易。

二、幼儿教育在培养素质层面不可取代的价值（二）——间接塑造

第二种塑造是间接塑造（即间接经验），间接经验就是模仿。当幼儿第一次看到

一个人在做自己从未做过的事情时，这个人就成为幼儿先入为主的学习对象，从中获取间接经验。孩子模仿的对象从其身边的家人开始，幼儿会走路了就会模仿小区里的人，看电视时会模仿电视里的人物，到幼儿园就会模仿老师。幼儿教师对幼儿的影响特别大，因为在幼儿园，孩子和老师待在一起的时间比父母还多，所以老师要注意在孩子面前的言行举止。这种模仿学习模式是幼儿阶段独特的，父母能够掌控和调整幼儿阶段的模仿对象，但孩子年龄大了就无法掌控其交往的范围，等于无法掌控孩子的模仿对象，所以在幼儿时期就要利用好这个特点，该建立的都建立好，用我的话就是“打预防针，建立免疫力”。

了解幼儿教育的独特价值，有什么启示呢？首先是要保证幼儿模仿对象是正确的、有价值的，老师是孩子经常接触到的对象之一，所以老师在孩子面前的言行举止比上好一堂课还要重要，老师在孩子面前要保持良好的言行举止，注意什么话不该说错，什么事不该做错。

第二，孩子在幼儿阶段得到的直接经验就是他对人生的第一个经验，也是学习怎样看待人生的第一堂课。我认为最重要的一点是不能让孩子觉得人生是安逸的，可以不劳而获，要让孩子知道必须付出努力才能获得回报。所以在我们必须创造有价值的环境，例如“孩子能做的就让孩子做”，让孩子在环境里得到正确的经验，以后才能以正确的心态看待世界。

第三，家庭环境对孩子产生的影响很大。父母给他的间接经验，父母之间怎么相处，怎么处理事情，这些都对孩子产生很大的影响，所以家庭给孩子一个良好的环境，对孩子是受益终生的。

反过来，假如孩子模仿了家庭成员一些不良的行为，我们该怎么处理呢？可以采用角色转移法，比如孩子在幼儿园里用积木模仿妈妈打麻将，我们告诉他不能打，他说“妈妈也是这样打啊”，你不能说他妈妈错了，只要告诉孩子“家是家，这里是幼儿园，不是家里，你是宝宝不是妈妈”，让孩子角色转移，告诉他这些是他不能做的，利用角色转移阻止孩子一些没意识的模仿行为。

好好发挥幼儿教育的这个独有的特点，老师就能够成为真正的幼儿教育专家。

三、幼儿教育在学习层面不可取代的价值——适应性学习

是孩子的神经系统复杂还是成年人的神经系统复杂呢？是孩子。人类的成长过

程是淘汰加保留，所以孩子出生后，神经系统会根据环境的需要作出取舍，只保留那些有需要的神经系统，不需要的就淘汰，这是人类神奇的地方。假如某一个孩子在西藏出生，一出生就面对高原稀薄的空气，他的肺功能就会适应，不会有高原反应症。如果一个孩子在平原出生，长大后去西藏生活可能就不容易适应。这个例子说明孩子刚出生的适应能力是很强的。

孩子和大人的学习过程是不一样的，孩子的学习是从无意识学习到有意识学习，我们成年人学习则是从有意识学习到无意识学习。例如成年人学习拼音输入法，刚开始是有意识地思考、分解、找按键，但熟练后就不用想，完全是条件反射，这是从有意识到无意识的学习，通过有意识的训练变成无意识的条件反射。孩子的学习刚好相反，他们是无意识学习，不需要通过有意识的理解和转换，这就是学习敏感期。只要掌握学习敏感期，孩子的学习就会很有效率。例如2~8岁的孩子是学习语言的敏感期，只要安排不同语言的人和孩子一起生活，孩子自然就能说多种语言了。但是假如8岁前只有讲普通话的环境，8岁后孩子用来发出其他语系发音的神经就淘汰了，再学习其他语言就相当困难了。学习语言是这样，其他和生理控制有关的能力也是这样。利用孩子这种学习特点，我便在幼儿园的户外活动教孩子英语。因为孩子喜欢户外活动，而且户外活动的句子很容易产生变化，比如run、jump，you run、I run，同时还很容易将情景和动作联系起来。要知道孩子的第一语言是肢体语言，肢体语言是不会忘记的，如果配合动作教孩子这是run，这是jump，孩子很容易就会记住，就算忘记了怎么说都不会忘记动作，其他会的孩子就可以教他。所以老师只要把肢体语言跟口头语言结合起来，孩子就学得容易，这种方法可以说是体验了多元智能教学法。

把知识变成自己的经验才是有效学习，所以活动学习的秘诀就是让孩子在运用中学习。在运用中学习，孩子就能理解动作和语音之间的关系，通过一段时间孩子能够在户外活动中把每一件想表达的事都用英语表达后，孩子就掌握了学习英语的能力。假如老师有资源还可以把有关吃饭的英语说好，但不要贪心，多了就难控制，比如你的口袋里只有一块钱，掏出来很容易，一掏就掏出来了，要是你的口袋里既有一块的人民币，还有两块的人民币、MP4、笔、发票等，想掏出那一块钱难不难？很难，所以幼儿期不要贪内容多，而要注重深度。这个观念很重要，幼儿期要提高的是能力，让孩子以后用这个能力学习更多的东西。比如今天我跟不认识的家长交往，“家长，你贵姓？”“我姓陈。”“家长，你贵姓？”“我姓黄”……认识了三位家长，但交往能力没有提高，因为认识第一个和认识第三个的能力是一样的，我没有在这个过程里提高我的能力。如果我在同样长的时间里只认识一个家长，“你贵

姓？”“我姓陈。”“我姓蔡。”“你哪里来啊？”“我从湖南来。”“我从香港来。”“喜欢吃什么啊？”……在同样的时间里，我的交往经验丰富了，能力提高了，有了这样的能力，以后跟别人交往就更容易了。

所以，幼儿阶段的教育千万不要贪内容多，老师的任务是要提高孩子的能力，尤其是学习能力，各种各样的学习能力，语言的学习能力，社会交往的学习能力，这些能力可以让他以后学习不同的东西。你今天教他英语“mouse”是老鼠，几年以后“mouse”就是鼠标了，语言不在于内容的多少，而是要锻炼孩子学语言的能力。只要孩子在户外活动时间或者吃饭时间能够把英语说好，用英语表达就足够了，因为孩子已经掌握对英语的理解，他知道具体结构，名词、动词、介词，虽然会的量不多，但知道这个代表什么意思，以后老师再教他新的单词时他就很容易理解和运用。让孩子在运用里学习就会学得很快，要是不运用，永远都学不好。

所以幼儿园课程应该是创造环境把孩子的各种学习能力在运用中“逼”出来，当然这个“逼”是笑着来逼。

四、知识不是名词，技巧不是抄袭

老师教孩子苹果叫“apple”，这不是知识，只是构成知识的其中一种认知——名词。很多老师把名词等同了知识，这是非常错误的观念。老师可以直接教孩子苹果叫“apple”，孩子的经验就是听，然后重复。老师也可以把苹果给孩子摸、闻、尝，每一次都引导他去思考和感受，这样孩子可以通过直观的感受得到相关的认知。虽然这两种方法都是教给孩子“苹果”，但两种方法带给孩子的经验不一样，第一个方法让孩子学会了听和讲，通过两种器官来接受老师传递的二手知识，但孩子没有把苹果跟过去的经验记忆产生联系；第二个老师利用幼儿直观感知的学习特点，让孩子通过不同的感官感受苹果，跟他记忆中的不同物件产生了比较和联系，于是对苹果的认知就丰富了，同样的“apple”这个词和苹果的相关认知对这些孩子就产生更多的意义，以后独立运用这些认知的能力就比较强。这才是幼儿园丰富孩子知识的正确方法，能使孩子把各种各样的经验知识不断地在新环境中重现、比较。

“重现”这个概念很重要，通常出现在自由游戏中。自由游戏就是没有要求，孩子自己设计目标与规则，然后按照自己的想法随意去玩。在玩的过程中，孩子不断地重现过去的经验，重现的过程中重新建构形象思维，每一次重现原来的知识就产生了一次新的意义，所以让孩子玩自由游戏是非常重要的。这种自由不单只是个人的自由游戏，还有集体的，通过集体游戏，孩子能够互相定规则，创造出新的或不同的集体游戏，这种经验对孩子走向社会很有价值。因为现代社会最有价值的人之一就是制定规则让别人去遵守的人，如果孩子幼儿期间就已有创建游戏规则的经验，长大了就有这种经验去创建规则。

除了上面讲的传递二手名词的方法是教孩子知识的误区外，我还经常看到幼儿老师存在传递技巧的误区。例如美术活动时，老师会先做示范然后让孩子照着画，最经典的就是画小鸟，大圆是头，小圆是眼睛，所以孩子画的就像一个模子复制出来的。这是严重的错误，因为传递技巧不是只让孩子学会模仿，更重要的是让孩子将老师的技巧和自身的经验相结合，老师的责任是丰富孩子的相关经验，老师的技巧只是方法之一，不是唯一的。

所以老师应该是让孩子画完再教，首先让孩子绘画，相互欣赏，然后再传递老师的技巧。如果老师首先教了技巧，孩子就会把老师教的作为唯一的方法，这样就局限了孩子的思维。假如画面的要求比较复杂，老师可以分阶段传递技巧，例如首先让孩子画小鸟的头，老师引导孩子互相欣赏，然后老师示范画小鸟的头，接着用同样的步骤画小鸟的其他部分。

美术是这个道理，其他的技巧也是这个道理。

五、掌握幼儿心理学对幼儿教师最有价值的精华部分

很多幼儿园老师学习幼儿心理学时会感到很困难，其实只要掌握幼儿心理的精华部分，就足以解决工作中的问题，特别是对“不听话”的孩子的教育很有用。

一个人从出生到成年要经历很多阶段，每个阶段都有其心理特点和学习方式，如果老师没有掌握这些特点，可能就会违反孩子的学习规律。这样不但没有效果，甚至还会产生负面效果，所以必须了解幼儿学习的心理特点及学习方式特点。

从幼儿老师的角度，我把孩子的心理发展分为两个阶段：0~3 岁阶段和 3~5 岁阶段。老师要记住，不要把 3 岁之前的孩子当成有意识的人来看，因为这个时候的孩子就相当于一只小动物。当然，并不是孩子到了 3 岁生日那天就变得有条有理了，而是指孩子从刚刚出生没有沟通意识，完全通过生理来反应，慢慢地到 3 岁左右就开始形成对前因后果的理解。所以跟一个 1 岁多的孩子讲道理是没用的，有时候你以为他听懂了，其实只是条件反射。就像喂一条小狗一样，让它固定到一个地方吃

饭，它自然就有条件反射去那个地方吃饭，一摇铃就知道吃饭，但并不理解原因。3岁之前的孩子头脑里的海马体还没有成熟，所以没必要跟孩子讲道理，而且也不要因为孩子不听话而生气，他根本就不能理解你的话。

因此，老师对3岁之前的孩子有太高要求是不现实的，孩子在3岁之前处于不听从语言指示的状态，到了差不多3岁，语言指示才开始有意义。

第二个阶段是5岁。5岁之前的孩子是没有抽象思维的，比如“你吃饭快一点好不好啊”，什么叫“快一点”，孩子是不能理解的，“你乖一点啊”，什么叫做“乖一点”，孩子也不能理解，所以老师不能用太复杂的抽象语言跟5岁之前的孩子沟通，应该用量化的、很清楚的语言，配合动作来说明一些事，因为孩子在5岁时抽象思维才初步萌芽，大概朦朦胧胧懂得抽象语言的意思，比如“乖一点”、“快一点”等。

孩子在5岁之前的行为特点就是自发性行为，他希望做自己想做的事，不喜欢受支配，不喜欢人家告诉他你要穿什么衣服或你该怎么样，他希望自己做的每一件事都是自己想做的，喜欢自己做主。所以在孩子5岁之前做的事情都应该尽量是他自己想做的，不是成人支配他做的。

但是这不等于孩子想做什么老师就同意让他做什么，如果这样就从一个极端走向另外一个极端了。教育往往容易走到两个极端，一个极端是严格控制孩子，什么都支配孩子，另一个极端是放纵孩子。

所谓顺着孩子的心理发展特点，不直接支配小孩，就是要用环境约束孩子。用我的话来说就是“现代版的孟母三迁”，孟母没有直接支配孟子，要求他不能做这个、要读书、要怎么样，她只是采用搬家等改变环境的方法改变孩子的动机，所以我称这个阶段的教育方法为“现代版的孟母三迁”。

要让孩子顺利完成自发性行为，老师在这个阶段就必须让孩子感觉到自己有自主权，也就是要遵循尊重孩子的基本原则。孩子顺利度过这个阶段后，老师就会发现孩子完全不一样了，开始能够接受老师直接教给他的知识或对他提出的要求，但如果孩子是在受高压支配的环境下成长的，这个阶段没有顺利度过的话，孩子迟早会在行为上反弹的。

为了避免误解，我再举例说一说自发性行为，比如带孩子逛商场，他既想吃冰淇淋，又想玩玩具，还想买很多东西，这就不是自发性行为。

我们可以这样区分。孩子的自发性行为并不是指他想获得一些东西，而是生活中跟他个人直接有关的，比如玩什么玩具、吃多少饭、穿什么衣服等，跟他生活有关系的自发性行为。而孩子想要买东西就不一样，因为它牵涉到其他人了：要爸妈付钱等，这就不是自发性行为。所以自发性行为不是孩子支配别人去做一件事。我说的尊重是双向尊重，成人要尊重孩子，孩子也要尊重成人，我不支配你，你也不能支配我。

幼儿教育课程应该顺着孩子的这些心理特点，这样才能符合孩子发展的规律。

六、过程真的比结果重要吗？了解教育目标、学习目标、学习经验的关系

对幼儿园老师来讲，了解过程和结果之间的关系就是了解教育目标和教育过程的关系，也可以说是了解我们究竟应该教什么和怎么样教。过程可以说是学习经验，结果可以说是学习目标，了解了这个关系以后对幼儿园课程的理解就会比较清楚，明白在设计活动时要关注什么才有意义。

简单地讲，教育过程可以理解为学习经验。学习经验对幼儿的学习相当重要，比如我们让孩子画苹果，画苹果可以是孩子单独画，也可以两个人共享材料一起画，或者是一群人、一组人合作画，还可以是把一幅画通过多次加工完成，同样一节课，这些不同的安排就是学习经验。虽然都是画苹果，但孩子在不同的安排过程中得到不同的经历，不同的经历对孩子的发展就会产生不同的影响。如果是一个人画，孩子就会专注构思，培养的可能是思维能力；如果是合作画，孩子发展的可能是与人的合作、沟通能力；多次加工画，可能锻炼的是孩子的观察比较能力。

虽然都是画一个水果，但在这个过程中孩子得到的发展却不一样，这就是学习经验。学习经验不只是在一节课里可以体现，更多还会体现在生活教育过程中。比如孩子早上到幼儿园时，老师的安排是孩子要把书包放好，自己的物品收拾好才能玩，这种安排就会帮助孩子形成一种良好的常规习惯。反之，如果孩子可以随便乱丢书包的话，这种经验给他的影响就是放任没规矩。

对低幼孩子的教育而言，学习经验可能比学习目标更重要，就像刚才说到的画一幅画，画的内容不太重要，重要的是孩子在这个过程中得到了什么经验。学习经验比学习目标更重要，也就是我们说的过程比结果重要的原因。掌握了这一点之后我们要反思一下，是不是所有的过程都比结果重要呢？也不一定，幼儿教育至少有几方面是结果比过程重要的，如安全、自我保护、卫生等，这些关系到孩子的安全，会对他立即产生价值的，这些方面就是结果比过程重要。

了解这一点之后，老师在设计教育活动时就可以进一步思考，什么是对孩子目前来说最有价值的经验，什么是对孩子未来最有价值的经验，这些经验需要通过怎样的过程安排才能够实现等，然后考虑教学的内容。同样，内容是需要在短期起到价值还是在远期产生价值的，通过这个思考来判断应该把结果放在前面，还是把过程放在前面。同样的道理，也让老师知道在备课时或安排一天的教学内容时，不只是考虑让孩子最后学到什么，更多的是要让孩子在这个过程中发展什么，给他什么经验。在这些数不清的经验里，有一条原则应该是要记住的，就是在学习过程中要尽量体现孩子的自主性和主动性。因为孩子只有通过每一次自主、主动的学习，才能建立主动探究的态度，才能对孩子的终身教育奠定基础。

七、让孩子“学会学习”是老师的主要任务之一，也是必须完成的教育目标

让孩子“学会学习”是幼儿教师的主要任务之一。为什么有的孩子学得快，有些孩子学得慢？为什么有的人理解能力强，有的人理解能力弱？为什么有的人对身边的信息很敏感，有的人却很迟钝呢？

这些都取决于人重要的能力之一：学习能力。幼儿教育就是发展学习能力，也就是“学会学习”最重要的时期。因为这期间是孩子从直观学习逐渐进入抽象学习的过程，也是孩子从无意识学习逐渐进入有意识学习的过程，是孩子建立学习习惯的第一步，所以让孩子“学会学习”是幼儿教师的主要任务之一。

“学会学习”是每一个幼儿教师都会说的话，但这句话到底是什么意思呢？

首先是学习的对象，就是学会跟谁学习。我们不希望孩子只会向老师学习，老师只是其中一个学习对象而不是唯一的对象，应该让孩子学会向不同的对象学习，例如向其他孩子学习，向跟自己同一天生日的伟人学习，向社会上的榜样学习，向父母学习，以作品为载体学习，通过书本学习，甚至在区域中通过材料自学等。要让孩子学会向不同的对象学习，掌握不同的学习技巧，幼儿教师就要为孩子创造各种各样的学习环境，让孩子从小就习惯向不同的对象学习，从而建立学习的敏感度。

“学会学习”还包括学会各种学习的方法，所以老师不能够只用单一的教学方法，既要有教学活动，也要有区域活动、主题探究课程，还要让孩子在生活中学习等。因为每一种课程模式都隐藏了不同的学习方法，比如自主探索、商量合作、被动接受、查找资料等。老师要让孩子通过各种各样的学习经验丰富自己的学习方法。

“学会学习”也代表了孩子对符号（语言、文字）的理解能力。两名孩子同时在某一个场合听到“苹果”这个名词，一个孩子只联想到平时吃的苹果，另一个孩子却能联想到苹果的各种颜色、形状、味道，还有这些感知带来的感受，在超市买苹果的经历，还有去农场看苹果树的经历等。对“苹果”这个词能够联想到多种意义的孩子自然有更深入的理解，从而产生更有效的建构，也可以说学习能力更强。

要增强孩子对符号的理解能力，就必须按照孩子学习特点施教。五岁前孩子主要是直观思维和形象思维，直观思维就是需要借助看得见、摸得到的实物进行思考。有了直观的经验后，再转化为形象思维，也就是借助记忆中的形象进行思维，然后再运用形象思维进行学习。我们应该利用孩子的这种特点，为孩子提供大量的直观经验，让孩子深化形象思维。

例如，一名四岁的孩子，他以前接触过实物苹果，已经建立了形象思维，然后再接触另外一种没有见过的水果，这时候如果老师要求孩子运用形象中的苹果和该水果进行比较，找出共性和非共性的元素，在这过程中，孩子就会进一步深化形象思维。

培养孩子的形象思维能力对他以后提高学习能力有很大的影响，因此老师必须引起重视。区域活动是一种有效深化形象思维的方法。孩子在区域活动的角色扮演、绘画、音乐、建构等游戏中，不断重塑脑海里的形象思维，这种跨领域运用、重现的思维活动就能够不断深化形象思维。

“学会学习”的其他意思还有：学会判断什么该学什么不该学，学会归纳信息、运用信息等，最重要的是对身边周围的信息敏感，有比较能力，有批判性、逆向思维的能力等。

孩子上小学后，基本上就是接受单一的教学方式，而幼儿园是唯一能够丰富孩子学习经验的阶段。孩子在丰富多元的活动过程中，学习能力以及形象思维能力得到发展，能为他以后学习抽象符号、建立抽象思维奠定基础。所以不要在幼儿园采用小学化的上课模式，要多用各种间接指导方法，这样才能让孩子真正“学会学习”。

八、什么是教育目标、学习目标

幼儿园老师必须了解这几个概念：教育目标、学习目标、教育资源和教育组合。

教育一定要有预期的目标。孩子随便地玩耍，虽然没有预期的目标，但孩子也发展了，不过发展的是不是有价值的内容，我们不知道，所以不能够算是教育。对于教育预期目标来说，尽管这个目标不是很具体，只是让孩子发展空泛的能或者是建构形象思维，但只要有预期的目标就是教育。虽然是同样的活动，有预想目标的才是教育。所以一讲到教育，就应该有一个预期的目标，这个目标可以是概括的、抽象的，也可以是具体的。

教育目标可以称之为大目标，也可以称之为素质教育目标等，不管如何称呼，教育目标是一些发展性的目标，是一些比较难量化的内容，比如孩子价值观的建立、行为习惯的培养、个人学习兴趣的培养等。另外也包括了能力的培养，比如语言能力、数学能力、交往能力等。

学习目标也称为小目标，是指知识传递类和技巧类的教学目标，比如说数字“3”的意思，“苹果”这个名词，或者是苹果是怎么种出来的，这些都是知识性的目标。技巧类的包括写字的技巧——执笔、笔顺、唱歌怎么用气等。

为什么要把教育目标和学习目标这样划分呢？因为实施教育目标的方法和实施学习目标的方法是不一样的，教育目标主要是发展能力，是不能通过知识传递来实现的，更多地要通过教育过程，也就是学习经验来实现。能力的培养就像运动员锻炼体能一样，体能并非通过教练的指导就可以提高，一定要通过自身的锻炼才能提高，需要从浅到深，一步步地锻炼。因此教育目标只能通过设计一些活动，让孩子感受、体验、经历，最后通过自身的内化成为孩子本身的内在素质和能力。

学习目标就不一样了，学习目标更多是人类积累下来的有价值的文明，是一些技巧类的或者是一些知识类的信息，包括思考的方法、解决问题的方法等。这些都是可以传递的，而且必须传递，因为只有通过传递给孩子，孩子才不用花时间去探究。

这就是教育目标和学习目标的区分，一个是过程的建立，一个是知识的传递。在幼儿园一天的环节中，这两项任务可以同时完成，例如虽然是上音乐课，但上课的过程可以是锻炼孩子的合作能力、社会交往能力，音乐课的内容可以是唱一首儿歌，学习目标是通过唱儿歌让孩子掌握到哆唻咪的发音技巧。这样在一堂课的价值就很多了；内容是音乐乐谱，学习目标是通过这首歌学会了一些音乐知识和技巧，然后在过程中锻炼孩子的合作能力。通过这个例子老师应该能清楚地理解它们之间的关系。

明白了以上的道理，老师在备课时就要把这些都考虑进去。

九、认识园本课程、教育资源和教育组合

每一所幼儿园的地理位置、生源特点都不一样，所以每一所幼儿园都应该有自己的园本课程。所谓园本课程，主要指幼儿园根据其生源特点制定教育的侧重点。因为孩子的家庭教育背景对孩子有很大的影响，例如暴发户的孩子和老师的孩子他们之间的家庭环境就肯定不同，所以在课程设计上就要根据幼儿园的生源特点和教育资源设计园本课程，考虑什么对孩子最有价值，补充家庭教育和社会教育没有做到的目标。

要设计好幼儿园的课程，第一步就是确定目标。思考目标时必须有整体性思维习惯，包括孩子发展的整体性，让孩子全面发展，如孩子音乐、舞蹈很好，但社会交往能力不强，他需要的就是社会交往的发展。孩子的全面发展，我们要做到上不封顶、下要保底，达到这个年龄平均水平以上的孩子，可以让他自由发展，提供环境让他自学提高，反之就要根据孩子的不足之处，设计出相应的目标。

老师在设计目标时一定要根据孩子的实际情况设计，不了解孩子就无法为其设计目标，目标的重点一定是孩子最需要的，什么对孩子最有价值，就是我们在设计目标中首先要思考的。

第二是注重孩子在人生发展过程中的全面性、整体性，包括幼儿教育、小学教育、中学教育以及步入社会阶段。老师一定要让孩子学会学习。在小、中班尽量帮孩子建立对其一生都有价值的素质、能力、思维习惯。对大班孩子除了远期发展的整体性，还需要考虑近期发展的整体性，例如能不能很好地衔接小学，孩子会写多少字，有没有一定的社会知识面，比如虽然奥特曼对孩子影响不好，但如果班里孩子都认识奥特曼，只有你的孩子不认识奥特曼，那么孩子的社会交往就会受到一定影响。

教育资源就是幼儿园拥有多少资源来进行幼儿教育，我们身边的每一个空间、人物、材料、时间都是资源。我认为评价一个幼儿园好不好，不是评价它做得怎么样，而是要评价它的资源有没有充分发挥和利用，只有将资源的作用发挥得淋漓尽致的幼儿园才叫好的幼儿园。我们国内的一些幼儿园，其空间比例、师幼比例都不是太落后，但是在使用中却跟实际数字有偏差，比如说有些幼儿园安排老师轮流备课，于是每天的教学时段只有一个老师在班里，而另外一个老师在备课，这种安排完全没有实现老师资源的有效应用。再比如空间资源的使用，很多时候孩子与孩子

之间都是挤在一小块地方上课，其他空间却浪费了，这种隐性的资源浪费现象非常多。

怎样有效发挥资源的价值呢？老师要重点思考资源和资源之间的关系、资源和孩子之间的关系及其产生的教育效果。例如时间，就是在该时间段里的孩子怎么安排、有多少孩子、孩子如何组合等，所以老师要学习思考的是时间里的孩子、孩子里的时间、孩子里的孩子等的关系。这批孩子该怎么组合，这个空间里该放多少孩子、给孩子之间应该保留多少空间，调整这些组合会发生什么变化等，通过这些思考有效地把现有资源充分使用。同时，合理制定一天、一周的流程和细节，然后再根据目标，利用教育组合把这些环节的内容串联起来。

什么叫做教育组合？我提出教育组合的原因是老师对教育方法的思维往往是单一的教学活动。老师要完成一个目标，不是用一个环节或者是一个手段就可以完成的，比如老师教小孩一个数学题、唱一首歌或者画一幅画，用一堂课去教的效果是不会很好的，必须将一天里的不同环节进行组合。例如老师可以利用集体课传递数学知识“3 的分成”，然后让孩子在区域里复习，也可以首先让家长在生活中丰富孩子的“3 的分成”的经验，然后再上课，上完课后在区域里用材料复习，这就是组合的意思。

怎样有效地运用教育组合呢？首先要掌握不同环节的教育特点。生活环节最适合培养与塑造孩子的素质，增强孩子的实践知识；集体课的价值体现在让老师很有效地传递知识给孩子；区域活动就是锻炼能力的环节；自由活动环节（户外活动等）则是让孩子在现实生活中应用知识、锻炼交往能力。另外一个是家庭教育，家庭教育主要能起到帮助孩子铺垫经验或协助老师跟进、复习的作用。

十、如何通过备课体现教育组合和真实的幼儿园课程

备课制度是体现课程的一个主要手段。首先是学期计划，学期计划的内容主要是一些需要长时间建立的素质，如行为习惯、价值观等。在学期计划中，主要是根据孩子的需要设计一些有价值的生活环节，建立并塑造孩子的内化行为（第七章）；其次是月计划，在月计划中如何利用区域材料投放计划、环境布置任务等锻炼孩子的能力（第三、四章）；然后是周计划，就是具体地安排与设计教育组合去完成周目标（见附录 6）。

关于教育组合，举一个教幼儿擦屁股的例子，比如下周的周目标就是让孩子学会擦屁股，老师在周四备课，周五发一封信给家长，告诉家长下一周你的孩子要做一件重要的事：学会自己擦屁股，请家长准备一个镜子让孩子带到幼儿园来。星期一在集体课给孩子讲一个故事“可爱的大便”，通过“可爱的大便”这个故事让孩子不恐惧大便。

孩子对大便不恐惧了，星期二就可以上集体课，教孩子正确擦屁股的方法。小班孩子的步骤可能是简单的一、二、三点，拿多少纸也是规定好的，擦屁股要从前往后擦，模拟后让孩子练习。通过集体课，有70%左右的孩子能掌握，剩下的还没掌握方法的这部分小孩可以在区域活动中做模拟游戏，并且星期三、星期四在生活活动中跟进。星期四再给家长发一封信，告诉他孩子已经基本掌握了擦大便的方法，请你在家里跟进。特别是那些没有在幼儿园大便的孩子，要请家长跟进。

这样就利用了家庭教育、集体课、生活环节、区域环节等教育组合，共同完成周目标，而且在这个过程中孩子还学到了一些擦屁股以外的经验，比如厕纸有几格的点数经验等，这就叫做教育组合。

周目标必须体现一周能完成的比较具体的目标，包括教育目标和学习目标。目标设定以后，通过设计教育组合完成这些目标，最后有效地给家长汇报，这样的备课制度就能够体现课程。

备课计划的目标基本上是所有孩子要达到的目标，好的备课内容能够考虑到个别孩子的需要，如果备课计划还能够包括针对个别孩子的特殊需要一栏，就更好了。

十一、中体西用的幼儿园课程观念——整体性平衡观念

中国人该用什么观念来教孩子呢？最近很流行西洋风，以孩子为中心，一切为了孩子等，我对此有所保留。外国哲学对简单的问题还挺好用，复杂的问题就不够用了，这时候只有用我们老祖宗的智慧才能解释、解决这些问题。中国的文化博大精深，但很难操作，我认为核心观念还是用老祖宗的智慧，操作上就可以参考国外。

我认为应该用中国整体性的平衡观念思考课程，其中老师的判断标准就是“适量性”。例如一个孩子有六个成人爱他，照顾得无微不至，而另一个孩子是单亲家庭，老师给两个孩子的关注程度要不要一样？如果给那个已经有六个成人关爱的孩

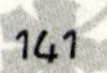

子更多关注，对他会不会有好处？或者没有给单亲家庭的孩子更多关注，对他的成长有没有影响？当然有。所以老师对孩子一定要考虑到整体性的公平，公平就是资源投放的合理，就是必须考虑孩子需要什么，社会、家庭已经给了他什么，老师投放的是补充他需要的，而不要重复他已有的。关注孩子没有对的量，只有适量，对这个孩子是适量的，但对那个孩子不一定适量，要根据每个人的不同情况而定。

中国人的父母一辈子都在为孩子操心，甚至孩子刚刚出生就已经准备给他买房子了。外国人可不是这样，孩子大学毕业就经济独立了。我们是中国人，核心的理念应该用中国的这一套，除非你能够像外国人一样，孩子大学毕业后就不管了。

父母都觉得小孩子最重要，为什么小孩子最重要，凭什么他最重要，其实我国的哲学理念应该以家庭为核心，而不应该以某一个人为核心。以癌细胞来说，癌细胞在癌变之前也是身体内很好的细胞，但因为人多喝酒，不注意休息，让它缺少营养，不爱它，好细胞就变成了癌细胞。老人也是家里的成员，在孩子出生后，父母对老人的关注少了，就像细胞营养不够一样，他们开始在行为上有一些异常举动，导致大家有摩擦。

如果我们以家庭为核心，那么我们追求的就不仅仅是孩子的成就，而是全家每一个人都好。其实孩子是很敏感的，孩子最怕人家太过关注他，过于关注对他来说也是压力，但现实生活中许多爸爸妈妈不由自主地把注意力全部集中在孩子身上，这也就造就了很多“小皇帝”、“小公主”。这就好比你刚刚买一辆新车，停到楼下，怕人家把它刮花，每天打蜡、洗车，每次锁车时还要绕车走一圈，开了三五年以后还会这么关注吗？同样宝宝出生不久时，父母很关注他，但随着孩子的成长，一些父母在孩子八岁、十岁时便放弃了，觉得这个“玩具”没有新意了，不好玩了，开始不听话了，搞不定了，算了，不管他了。所以老师要记住，教育是一场马拉松，不是短跑，应该慢慢渗透，细水长流，以整体发展作为核心。家庭和谐了，孩子也能得到更好的家庭环境的滋养。

刚才说到西方对我们起到什么作用，我觉得就应该中体西用，主体观念用中国人的，但一些操作方法可以用西方的，因为西方操作方法的可操作性比我们强。所以，老师追求的教育目标应该是整体性平衡，而教育方法就可以参考西方的。

附　　录

附录1 HIGH/SCOPED Education的关键经验

一、创造性表征

* 通过看、听、触摸、尝、闻来认识物体；
* 模仿各种动物的声音；
* 把模型、图片、照片和真实场景及事物联系起来；
* 玩角色游戏；
* 用黏土、积木及其他材料造型；
* 用不同的笔绘画。

二、语言和文字

* 对别人讲述自己觉得有意义的经验；
* 描述物体、事件和关系；
* 从语言的使用中得到乐趣；
* 用各种方式进行书写：涂、画、临摹字母形状、创造性拼写、正确拼写；
* 用各种方式阅读：读故事书、读标记和符号、读“自写”的故事；
* 讲述故事。

三、主动性和社会性

* 对材料、活动和活动目的进行选择；
* 自己的事情自己做；
* 在游戏中解决面临的问题；
* 用语言表达自己的情感；
* 按规则要求参加小组活动；
* 能够较敏锐地感受到别人的情感、兴趣和需要；
* 能够和同伴、成人交往；
* 在合作性的游戏中能与同伴创造性地玩耍；
* 能够处理社会性冲突。

四、运　　动

* 静力运动：如弯曲、转体、摇摆、平衡等；
* 动力运动：如走、跑、跳、攀爬等；
* 搬动物体；
* 用动作进行创造性表现；
* 能够用语言描述运动状态；
* 根据运动的指令进行运动；
* 能够感觉和表现持续的运动节奏；
* 能够按照简单的节奏来运动。

五、音　　乐

* 律动；
* 探索和辨别声音；
* 探索歌声；
* 发展旋律；
* 唱歌；
* 会简单的乐器。

六、分　　类

* 探索和描述事物的异同、特征；
* 进行分类和匹配；
* 用不同的方式描述和使用物体；
* 同时注意事物一个以上的特征；
* 区分“部分”和“整体”；
* 描述某些事物不具有的特征和不能归属的类；
* 识别和描述形状。

七、排　　序

* 对物体的各种特征（大/小；长/短等）进行比较；
* 根据某种特征排列物体，并描述它们之间的关系（大/较大/最大；红/蓝/红/蓝等）；
* 通过尝试把两个系列的物品相匹配（小杯子/小碟子；中杯子/中碟子；大杯子/大碟子）。

附录2　主题目标作为阶段目标记录实例

姓名：陈小明	班级：大一班	年度：	备　　注
体重：21公斤	身高：110厘米	综合营养：OK!	
目　标	主题：漫游社区	主题：我要上小学了	
数　学	完全能达到目标，特别是对平面与立体的概念清楚，区分明确。	超出目标，对几点几分时间概念清楚。	
语　言	超出目标，语言讲述的连贯性较好，词汇量丰富。	超出目标。	
认　知	超出目标。	完成目标，可能由于已有经验准备不够，某些活动中不能有针对性地调查。	
美　术	完成目标，在手工制作方面稍弱一点，欠缺耐性。	完成目标。	
肢　体	完成目标。	完成目标。	
社会性	当与小朋友发生纠纷时，常表现为心理紧张，易哭，不能勇敢面对挫折。	参与活动积极，但较难承受挫折。	
音　乐	基本达到目标，喜欢参加音乐活动，但节奏感及音准能力稍弱。	完成目标。	
逻　辑	超出目标。	超出目标，善于通过联想寻找规律。	
注意力	对于自己感兴趣的事、游戏等非常专注，注意力不易分散。	超出目标。	
记忆力	对于感兴趣的、接触过的事物能熟记于心。	超出目标。	

姓名：黄小文	班级：大一班	年度：	备　注
体重：20公斤	身高：114厘米	综合营养：OK!	
主题：	漫游社区	我要上小学了	
目　标	能达到目标，在本主题中表现自信。	完成目标。	
数　学	大胆表述方面有所欠缺，语言逻辑性不强。	参与性强，目标完成。	
语　言	爱提问，但主动探索的积极性、自信心不够强。	目标完成。	
认　知	绘画时主题较单一，多运用冷色调色彩。	主动参与剪纸“考考你”活动，不仅达成目标，而且列出统计表，记录自己剪的花纹。	
美　术	自信心不够，肢体协调能力较弱。	参与活动不够积极，在教师引导下目标完成。	
肢　体	依赖心较重，面对事情多喜欢向成人求救。	在教师引导下完成目标。	
社会性	完成目标。	完成目标。	
音　乐	完成目标。	基本达成目标。	
逻　辑	对事物的关注时间较短，注意力易转移。	对自己感兴趣的事能保持注意力。	
记忆力	对于感兴趣的、接触过的事物熟记于心。	超出目标。	
注意力	完成目标。	有意注意发展较好，完成目标。	

附录3　幼儿观察跟踪表

在观察孩子那天的格子内打勾

（____月____日____至____月____日）			观察教师：____________________		
姓　名	周一	周二	周三	周四	周五

附录4　每天实时记录表

<table>
<tr><td colspan="2">________月________日　　　　　　　　教师：____________（动态评量）</td></tr>
<tr><td colspan="2">重点观察对象：　　　　　　　　　　　观察原因：</td></tr>
<tr><td>时间/地点</td><td>观　察　记　录</td></tr>
<tr><td></td><td></td></tr>
<tr><td colspan="2">分析及改进计划：</td></tr>
</table>

附录5　学期阶段评估表

对象：________________　　　　学年：大 □中 □小 □
上学期　□　下学期　□　　　　教师：____________

内　容	____月____日	____月____日	____月____日	____月____日
健　康				
语　言				
社　会				
科　学				
美　术				
其　他				

附录 6　第四周活动计划表

2010 年 3 月 15 日～ 3 月 19 日

	星期一	星期二	星期三	星期四	星期五
周重点	1. 学会自己入厕，并能正确使用纸巾； 2. 初步了解蛋的营养价值，喜欢吃蛋。				
学习活动	谈话： 小屁股干净了吗 集体活动： 1. 健康：小屁股干净了 2. 分享阅读：天气（一） 乐曲欣赏： 童年 做做玩玩： 嫩芽的成长牌	谈话： 我是男（女）孩 集体活动： 1. 认知：男孩、女孩 2. 歌曲：小小蛋儿把门开 动画欣赏： 喜羊羊 玩沙活动： 蛋宝宝捉迷藏	谈话： 你知道大便的旅行吗 集体活动： 1. 语言：小屁股的朋友 2. 认知：有趣的蛋 故事欣赏： 豆豆的旅行 分享阅读： 天气（二）	参观： 嫩芽长高了吗 区域活动： 必选 数学：按图形特征分类 备选 自学美工：蛋宝宝变变 自选：操作区、娃娃家、建构区 图画欣赏： 各种各样的蛋 结构游戏： 小动物乐园	谈话： 自己擦屁股的感受 集体活动： 1. 生活：我会自己擦屁股 2. 美工：半个蛋壳 歌曲欣赏： 小小蛋儿把门开 感统游戏： 快乐运输
户外活动	1. 自选活动：大型器械、小猪车； 2. 集体活动：早操、拍皮球。				
生活活动	1. 能自己入厕，大便后会自己使用纸巾； 2. 进餐时不挑食，能保持桌面干净。				
家长工作	您的孩子已经四岁了，他的小手肌肉比去年有了很大的提高。在幼儿园里，孩子们都是自己穿脱衣服、鞋袜。瞧！孩子们在一天天地长大！ 孩子们怎样成长为一个独立自主的人呢？"环境影响人"，这是一句众所周知的话。因此，我们需要给孩子创造一个自由、自主的环境，在这样的环境里，孩子才能学会如何面对生活，如何生存。下一周，我们会通过一系列的活动，让孩子学会自己入厕，并能正确使用纸巾擦屁股。 本周末，需要家长配合我们做以下事情。 1. 知道自己身体大小便的位置分别在哪里。 2. 大便后，掌握擦的技巧（怎么拿纸张，从什么角度擦，怎样才能擦干净）。 我们相信，有了您的参与，本周的活动将更加精彩，孩子将受益匪浅！				
备注